Christian Michel

Krisenkommunikation auf Social Media

Strategien, Maßnahmen und Erfolgsfaktoren

Bibliografische Information der Deutschen Nationalbibliothek:

Die Deutsche Nationalbibliothek verzeichnet diese Publikation in der Deutschen Nationalbibliografie; detaillierte bibliografische Daten sind im Internet über http://dnb.d-nb.de abrufbar.

Impressum:

Copyright © Studylab 2019

Ein Imprint der Open Publishing GmbH, München

Druck und Bindung: Books on Demand GmbH, Norderstedt, Germany

Coverbild: Open Publishing GmbH | Freepik.com | Flaticon.com | ei8htz

Abstract

The thesis examines the success factors of crisis communication in social media. It is divided in three main parts. In the first part the terms social media, crisis and crisis communication are defined. The second part provides a thorough examination of the scientific literature regarding strategies of crisis communication. The last part analyses two case studies of the automobile industry to compare the strategies of the literature with the strategies of real companies. A conclusion provides an overview about the findings of the study.

Inhaltsverzeichnis

Abbildungsverzeichnis

1 Einleitung

Der in den vergangenen Jahren erfolgte Fortschritt im Bereich der Informations- und Kommunikationstechnologien hat zu tiefgreifenden gesellschaftlichen Veränderungen geführt. Smartphones und soziale Netzwerke wie Facebook und Co. haben die menschliche Kommunikation extrem gewandelt.[1] Von diesen Entwicklungen ist auch die Kommunikation von Unternehmen betroffen. Lief der Austausch zwischen Unternehmen und ihren Kunden jahrzehntelang vor allem unidirektional ab, dominieren nun dialogische Formen der Kommunikation.[2] Die Demokratisierung der Markenführung etwa ist nur eines der vielen Beispiele für die Auswirkungen auf die Unternehmen. Hinzu tritt eine stark angestiegene Transparenz der Unternehmensaktivitäten durch die ständige Verfügbarkeit und schnelle Informationsverbreitung über das Internet.[3]

Erfolgreiche Unternehmen sehen sich daher vor der Herausforderung, ihre Kommunikation den veränderten Umweltbedingungen anzupassen. Diese Feststellung gilt dabei nicht nur für den Unternehmensalltag, sondern gerade und vor allem auch für außergewöhnliche Situation wie Krisen. So können soziale Netzwerke diese nicht nur verschärfen. Vielmehr können sie selbst zum Auslöser von Krisen werden. Es erscheint daher für Unternehmen unerlässlich Social Media in die generelle Krisenkommunikation zu integrieren.[4]

Diese Feststellung führt dabei zur im Zentrum der vorliegenden Arbeit stehenden Frage: Welche Strategien und Maßnahmen eignen sich für eine erfolgreiche Krisenkommunikation von Unternehmen in sozialen Netzwerken? Um diese Frage angemessen beantworten zu können sollen in einem ersten Schritt die Begriffe Krise, Krisenkommunikation und Social Media umfassend definiert werden. In einem zweiten Schritt soll dann die Forschungsliteratur nach Strategien und Maßnahmen der Social Media Krisenkommunikation durchleuchtet werden. Im Anschluss werden dann in einem dritten Schritt zwei konkrete Fallbeispiele von Krisenkommunikation in sozialen Netzwerken analysiert. Mit dem Diesel-Skandal und der Abgasaffäre werden dabei zwei Prominente deutsche Beispiele gewählt, die für die betroffenen Unternehmen mit immensen Kosten verbunden waren. Abschließend

---

[1] Vgl. Besson 2013 und Kreutzer 2018.

[2] Vgl. etwa Kreutzer 2018 und Hettler 2010.

[3] Vgl. zur Demokratisierung der Markenführung generell Vill und Pirouz 2012.

[4] Vgl. Wendling, Radisch und Jacobzone 2013 und Stoffels und Bernskötter 2012.

können die aus der Literatur und den Fallbeispielen herausgearbeiteten Vorgehensweisen dann einander gegenübergestellt werden. Diese Kontrastierung ermöglicht die Beantwortung einer Reihe von Fragen. Gestalten Unternehmen ihre Social Media Krisenkommunikation so, wie es die Forschung empfiehlt, oder weicht die Vorgehensweise von der Literatur ab? Zu welchen Ergebnissen führt die jeweilige Vorgehensweise? Welche Strategien und Maßnahmen können generell als geeignet bezeichnet werden und können auch für andere Krisen und Unternehmen empfohlen werden?

Die Beantwortung der vorgestellten Fragen bietet damit einen konkreten Mehrwert für die Krisenkommunikation von Unternehmen und kann dazu beitragen, das Fortbestehen von Unternehmungen in und nach Krisensituationen zu gewährleisten. Damit leistet die Arbeit einen Beitrag zur unternehmerischen Praxis und verknüpft die Theorie mit der konkreten Anwendung von Wissen. Abgerundet wird sie durch ein Fazit, in welchem die Vor- und Nachteile der gewählten Vorgehensweise und die dadurch erzielten Ergebnisse kritisch reflektiert werden. Dieses Resümee bildet die Grundlage für die Identifizierung verbleibender Forschungsdesiderata, die in weiteren Arbeiten ins Auge gefasst werden können.

2 Theoretischer Rahmen

2.1 Social Media

2.1.1 Definition

In der wissenschaftlichen Literatur gibt es mannigfaltige Definitionen des Phänomens Social Media. Dabei finden sich äußerst weite und sehr eng gefasste Begriffsbestimmungen. So beschreiben Kaplan und Haenlein Soziale Medien abstrakt als „a group of Internet-based applications that build on the ideological and technological foundations of Web 2.0, and that allow the creation and exchange of User Generated Content."[5] Innerhalb des definierten Phänomens der Sozialen Medien unterscheiden sie dann weiter zwischen verschiedenen Arten. So können generell Blogs, Social Networking Sites, Virtual Social worlds, Collaborative projects, Content communities und Virtual game worlds voneinander abgegrenzt werden.[6]

Bendel liefert dagegen eine konkretere Definition. So beschreibt er Social Media als Plattformen, die „der – häufig profilbasierten – Vernetzung von Benutzern und deren Kommunikation und Kooperation über das Internet"[7] dienen. Er unterteilt Soziale Medien in Social Networks, Weblogs, Micro Blogs, Wikis sowie Foto- und Videoplattformen.[8]

Obar hingegen setzt die beiden Termini Social Media und Social Networks miteinander gleich. Er sieht vor allem Facebook, Twitter und Co. als Soziale Medien an und bezeichnet sie als primäre Netzwerke. Demgegenüber könnten Webseiten wie Amazon.com als sekundäre Netzwerke abgegrenzt werden. Sie stellen quasi Soziale Netzwerke zweiter Klasse dar.[9]

Schon diese kurze Gegenüberstellung dreier Definitionen zeigt die definitorische Uneinheitlichkeit sowie die Bandbreite, die der Begriff der Sozialen Medien umfasst. Während Kaplan und Haenlein beispielsweise auch Computerspiele als Soziale Medien bezeichnen, werden diese von Bendel nicht beachtet. Als besonders eng stellt sich Obars Definition heraus, die eine Reihe Sozialer Medien unbeachtet lässt,

---

5 Kaplan und Haenlein 2010, 61. Eine vergleichbare Definition liefert auch Obar 2015, 746.
6 Vgl. dies. 62.
7 Bendel 2018.
8 Vgl. ebd.
9 Vgl. Obar 2015, 746.

die von der Forschung durchaus als solche bezeichnet werden. Gleichzeitig werden bei den verschiedenen Autoren für ein und dieselbe Unterform unterschiedliche Begrifflichkeiten verwendet. Dabei ist auf den ersten Blick unklar, inwieweit verschiedene Bezeichnungen Schnittmengen aufweisen oder sich voneinander unterscheiden.

Es erscheint daher sinnvoll und bei dem für eine Bachelorarbeit gebotenen Raum notwendig, die Betrachtung auf eine konkrete Form der Sozialen Medien einzugrenzen. Für die in Angriff genommene Fragestellung liegt dabei die Fokussierung auf Soziale Netzwerke nahe. Diese werden in der vorliegenden Arbeit im Sinne von Kaplan und Haenlein sowie Bendel als Unterarten der Sozialen Medien aufgefasst. Diese Wahl liegt nahe, da Soziale Netzwerke aktuell die höchsten Nutzerzahlen aller Sozialen Medien verzeichnen.[10] Darüber hinaus bieten sie die Möglichkeit der umfassenden Materialrecherche und die Verfügbarkeit historischer Daten. Gleichzeitig sind hier sowohl Kunden als auch Unternehmen aktiv. Doch was genau sind Soziale Netzwerke eigentlich?

Lackes definiert Soziale Netzwerke knapp als virtuelle Gemeinschaften mit deren Hilfe soziale Beziehungen über das Internet gepflegt werden können.[11] Eine ausführlichere Definition liefern Ellison und Boyd. So sehen sie drei Charakteristika als konstitutiv für Soziale Netzwerke an. Ein Individuum muss

(1) sich ein öffentliches oder halböffentliches Profil erstellen können.

(2) sich eine Liste von Nutzern anlegen können, mit denen es in Kontakt steht.

(3) diese Liste sowie die Liste weiterer Benutzer ansehen und verändern können.[12]

Grundlage Sozialer Netzwerke sind also sichtbare Profile von Nutzern, die eine Liste der Freunde des Individuums enthalten, die ebenfalls Teil des Netzwerkes sind. Beschließt eine Person, einem solchen Netzwerk beizutreten, muss sie eine Reihe von Fragen beantworten, die typische Deskriptoren wie den Wohnort, den Namen und das Alter enthält. Viele Seiten ermutigen Nutzer auch zum Upload eines Profilbildes.[13]

---

[10] Vgl. Statista 2018a.
[11] Vgl. Lackes 2018.
[12] Vgl. Ellison und Boyd 2008, 211. Auch Amichai-Hamburger und Hayat 2018 liefern eine solche Definition.
[13] Vgl. dies., 213.

Die Sichtbarkeit der Profile schwankt dabei von Netzwerk zu Netzwerk. Kernbestandteil ist daneben, dass Nutzer Freunde identifizieren und ihrem persönlichen Netzwerk hinzufügen. Die konkrete Bezeichnung dieser Beziehungen ist wiederum vom Netzwerk abhängig. Daneben lassen sich verschiedene Formen von Freundschaft unterscheiden. So verlangen einige Netzwerke eine bidirektionale Bestätigung der Freundschaft, andere wiederum nicht. Manche unterscheiden außerdem zwischen Freunden und bloßen Fans bzw. Followern. Eine weitere wichtige Komponente vieler Netzwerke liegt in der Möglichkeit, Nachrichten auf den Profilseiten der anderen Nutzer zu hinterlassen.[14]

Mittlerweile gibt es weltweit hunderte Soziale Netzwerke, die auf sich eine Zahl von rund 2,5 Milliarden Nutzern vereinigen. Prognosen sehen einen Anstieg dieser Zahlen auf 3 Milliarden Nutzer bis zum Jahr 2021 voraus.[15] Das nach wie vor bekannteste und größte Netzwerk stellt das amerikanische Unternehmen Facebook mit 2,1 Milliarden Nutzern weltweit dar.[16] Es bildet daher den hauptsächlichen Betrachtungsgegenstand der vorliegenden Arbeit. Im Folgenden soll ein kurzer Überblick über die Geschichte und die Funktionsweise des Netzwerks gegeben werden.

2.1.2 Facebook

Im Jahr 2004 entwickelten vier ambitionierte Studenten der renommierten amerikanischen Harvard University eine Idee, die die weltweite Vernetzung von Personen revolutionieren sollte. Marc Zuckerberg, Dustin Moskovitz, Chris Hughes und Eduardo Saverin hoben gemeinsam Facebook aus der Taufe, das heute das größte Soziale Netzwerk der Welt darstellt. Dabei hatte die Plattform zunächst nur dem internen Austausch von Harvard-Studenten dienen sollen, die sich über das Netzwerk über Studieninhalte unterhalten konnten. Schnell jedoch breitete sich die Plattform auch an anderen Universitäten wie Stanford, Columbia und Yale aus.[17]

Bereits am 1. Dezember 2004 hatte das Netzwerk 1 Million aktive Nutzer. Ein Jahr später war die Zahl auf 6 Millionen angewachsen. Dieser Trend sollte sich in den folgenden Jahren ungebremst fortsetzen. So umfasste Facebook am 4. Oktober

---

[14] Vgl. dies., 213.
[15] Vgl. Statista 2018a.
[16] Vgl. Statista 2018b.
[17] Vgl. Facebook, Unternehmensgeschichte 2018.

2012, nur acht Jahre nach seiner Gründung, bereits eine Milliarde aktive Nutzer.[18] Zum vierten Quartal 2017 nutzten das Soziale Netzwerk 2,123 Milliarden Menschen.[19] Dies entspricht rund 28% der Weltbevölkerung.[20] Die Verlässlichkeit dieser Angaben muss jedoch zumindest hinterfragt werden. So macht Facebook seine Erhebung der Nutzerzahlen nicht transparent. Daneben handelt es sich wohl um Schätzwerte, die demnach statistischen Verzerrungen und Abweichungen unterworfen sein können.[21] Auch Faktoren wie die mehrfache Profilanlegung durch ein und dieselbe reale Person bleiben unbeachtet. Dennoch muss konstatiert werden, dass Facebook aktuell mit Abstand das größte Soziale Netzwerk der Welt ist.

Am 18. Mai 2012 entschied sich das Unternehmen für einen Gang an die Börse. Im Zuge dieser Kapitalisierung begann das Management damit, strategische Akquisitionen vorzunehmen. So war bereits einen Monat zuvor die Social Media Bildplattform Instagram von Facebook gekauft worden. In den folgenden Jahren wurde dabei zunehmend an einer Diversifizierung des Businessportfolios gearbeitet. So wurde etwa im Juni 2015 das Unternehmen Oculus Rift übernommen, das eine Virtual Reality Brille entwickelt hat.[22]

Heute beträgt die Marktkapitalisierung des Unternehmens 483,16 Milliarden Dollar.[23] Damit belegt Facebook in der Rangliste der wertvollsten Unternehmen der Welt aktuell den sechsten Platz.[24] In jüngster Zeit ist das Unternehmen jedoch in Bedrängnis geraten. So wurden vor allem immer wieder die Datensicherheit und die Verwendung der Nutzerdaten für Werbezwecke von Verbraucherschützern und Politikern kritisiert.

Die Funktionsweise von Facebook folgt dabei den klassischen Merkmalen eines Sozialen Netzwerks, wie sie in der oben vorgestellten Definition von Ellison und Boyd zu finden sind. So können Nutzer sich ein individuelles Profil erstellen, das öffentlich zugänglich ist. Der Grad der Öffentlichkeit kann dabei vom Nutzer selbst festgelegt werden. Innerhalb des Netzwerks kann sich die betreffende Person mit anderen Individuen vernetzen und Freundschaften zu diesen knüpfen. Diese

---

[18] Vgl. ebd.
[19] Vgl. Statista 2018b
[20] Eigene Berechnung basierend auf den Angaben zur Weltbevölkerung bei Statista 2018c.
[21] Vgl. Wirtschaftswoche, Facebook 2018.
[22] Vgl. FAZ 2018.
[23] Vgl. Yahoo, Facebook 2018.
[24] Vgl. Statista 2018d.

Freundesliste kann laufend angepasst und wahlweise ausgeweitet oder wieder eingeschränkt werden.

Zu diesen grundlegenden Funktionen treten im Falle von Facebook weitere Funktionen. So können Nutzer etwa Bilder uploaden und sich über einen internen Chat untereinander austauschen. Hervorzuheben ist, dass nicht nur Privatpersonen, sondern auch Firmen und Institutionen Mitglied des Netzwerks werden können. Über ein individuelles Nutzerprofil können so Unternehmen mit (potenziellen) Kunden kommunizieren. Außerdem besteht die Möglichkeit, zielgruppenspezifische Werbung zu schalten. Die Kommunikation läuft dabei jedoch nicht unidirektional vom Unternehmen hin zum Kunden ab. Vielmehr besteht ein ständiger öffentlicher oder halböffentlicher Dialog zwischen beiden Akteuren. Dies führt zu medienspezifischen Besonderheiten, die sich in der Kommunikation in Sozialen Netzwerken im Allgemeinen und auf der Plattform Facebook im Besonderen niederschlagen. Diese sollen im folgenden Kapitel präsentiert und in ihren Konsequenzen für die Unternehmenskommunikation analysiert werden.

2.1.3 Merkmale der Social Media Kommunikation

Im Vergleich zu den klassischen Massenmedien zeichnen sich die neuen Sozialen Medien durch eine vollkommen andere kommunikative Logik aus. Vieles Gewohntes aus der alten Medienwelt wird dabei in Frage gestellt. So war auch das Web 1.0 noch durch eine unidirektionale Kommunikation gekennzeichnet. Früher gab es einen Sender, der seine Botschaft an den Empfänger richtete. Heute ist jeder Empfänger auch gleichzeitig Sender und kann in Echtzeit über soziale Medien reagieren oder die Initiative in der Kommunikation ergreifen. Diese wird damit zunehmend interaktiv und spielt sich zwischen vielen Personen ab.[25] Neben der Kommunikation one-to-mass und one-to-many warden durch Social Media auch one-to-one und many-to-many möglich.[26]

Eine direkte Folge davon ist die steigende Macht der Stakeholder wie Kunden, Mitarbeiter, Investoren, die das Unternehmen immer stärker beeinflussen können. Dabei verlieren Unternehmen zunehmend ihre Informationshoheit und können oftmals bloß noch reagieren.[27] So ist das starke Nutzerengagement in Sozialen Medien

---

[25] Vgl. Hettler 2010, 68 und 73-75 und Kreutzer 2018, 6.

[26] Vgl. Kreutzer 2018, 6.

[27] Vgl. Hettler 2010, 68 und 75-77.

ein zentrales Kennzeichen, das diese von den klassischen Medien abgrenzt. Dazu kommt die starke Vernetzung der Plattformen mit anderen Webseiten wie etwa Online-Shops, was zu einer verstärkten Reichweite führt. Die Auswirkungen der Aktivitäten in Sozialen Medien greifen damit direkt auf die reale Welt über.[28]

Diese Charakteristika der Sozialen Medien zwingen die Unternehmen, wenn sie erfolgreich sein wollen, neue kommunikative Strategien zu entwickeln. Solche Strategien sind dabei nicht nur für den Unternehmensalltag von Bedeutung, sondern gerade auch für außergewöhnliche Situationen wie Krisen, die den Fortbestand der Organisation ernsthaft gefährden können. Was unter einer solchen Unternehmenskrise zu verstehen ist, wie sie für gewöhnlich verläuft und worin ihre Ursachen begründet liegen soll im nächsten Kapitel dargelegt werden.

2.2 Unternehmenskrise

2.2.1 Definition

Der Begriff Krise lässt sich vom altgriechischen Wort „Krisis" ableiten, das ursprünglich eine Entscheidungssituation beschrieb, die den Wendepunkt bzw. Höhepunkt einer gefährlichen Situation markierte. Die erste Verwendung des Begriffs im wissenschaftlichen Kontext erfolgte in der Medizin. Mit Krise wurde hier der Höhepunkt einer Krankheit bezeichnet. Der Patient stand am Scheidepunkt zwischen Genesung und baldigem Tod.[29]

In der wirtschaftswissenschaftlichen Literatur findet sich eine große Bandbreite an Definitionen des Begriffs der Unternehmenskrise. Die einzelnen Begriffsbestimmungen weichen dabei zum Teil erheblich voneinander ab. Einen kleinsten gemeinsamen Nenner stellen dabei jedoch die von generellen Krisen ausgehende Gefahr und Ambivalenz dar. So beschreibt etwa Coombs Unternehmenskrisen als „the perception of an unpredictable event that threatens important expectancies of stakeholders and can seriously impact an organization's performance and generate negative outcomes."[30] Krystek und Lentz definieren sie als „unngeplante (sic!) und ungewollte Prozesse von begrenzter Dauer und Beeinflussbarkeit sowie mit

---

[28] Vgl. Kreutzer 2018, 6.
[29] Vgl. Krystek und Lentz 2013, 30.
[30] Coombs 2012, 3.

ambivalentem Ausgang".[31] Beherrschendes Merkmal jeder Unternehmenskrise sind also ihr ungeplantes, unerwartetes Eintreffen sowie ihr potenziell negativer Ausgang.

Uneinigkeit herrscht in der Forschung über die konkreten Charakteristika von Unternehmenskrisen. So führen Coombs sowie Krystek und Lentz jeweils fünf Faktoren an, die eine Unternehmenskrise ausmachen.

Coombs nennt die folgenden fünf Charakteristika:

1. Krisen sind vor allem ein Wahrnehmungsphänomen. Die Wahrnehmung der Stakeholder entscheidet darüber, ob ein Ereignis überhaupt als Krise wahrgenommen wird.

2. Eine Krise kann nicht vorhergesagt, aber erwartet werden. Krisenmanager wissen, dass eine Krise sich ereignen kann, aber nicht wann genau das Ereignis eintreten wird.

3. Eine Krise verletzt die Erwartungen der Stakeholder, wie Organisationen sich verhalten sollten.

4. Sie hat das Potenzial, das Bestehen der Organisation zu gefährden. Dies bedeutet aber nicht, dass dieser Einfluss immer eintrifft, sondern lediglich, dass die Möglichkeit dazu besteht.

5. Eine Krise kann negative Folgen für die Stakeholder, die Industrie und / oder die Organisation haben.[32]

Krystek und Lentz zählen dagegen folgende fünf Eigenschaften als zentral auf:

1. die Existenzgefährdung durch Gefährdung dominanter Ziele,

2. die Ambivalenz des Ausgangs (Metamorphose oder Vernichtung),

3. der Prozesscharakter als zeitliche Begrenzung des Krisenprozesses,

4. die Steuerungsproblematik im Sinne einer nur begrenzten Beeinflussbarkeit überlebenskritischer Prozesse und

5. der im Krisenprozess fortschreitende Verlust von Handlungsmöglichkeiten.[33]

---

[31] Krystek und Lentz 2013, 30.
[32] Vgl. Coombs 2012, 3 f.
[33] Vgl. Krystek und Lentz 2013, 31 f.

Eine Abwägung, welche der beiden angeführten Definitionen für die Fragestellung der vorliegenden Arbeit geeigneter erscheint, ist schwer zu treffen. Dies ist jedoch auch nicht zwangsläufig notwendig, da beide Definitionen entscheidende Charakteristika beinhalten. Es bietet sich daher eine Synthese der beiden vorgestellten Ansätze an. So soll unter einer Krise in dieser Bachelorarbeit ein Ereignis verstanden werden,

1. das einen ambivalenten Ausgang hat.

2. den Fortbestand des Unternehmens nachhaltig gefährden kann.

3. unvorhersehbar, aber nicht unerwartet eintritt.

4. in seiner Wirkung vor allem von der Wahrnehmung der Stakeholder abhängig ist.[34]

5. als Prozess zeitlich begrenzt ist.

2.2.2 Verlauf von Unternehmenskrisen

Wie in der oben vorgestellten Definition herausgearbeitet zeichnen sich Unternehmenskrisen auch durch ihren Prozesscharakter aus. Das bedeutet, dass es sich hierbei um zeitlich eingrenzbare Abläufe handelt, die grundsätzlich durch einen Beginn und ein Ende sowie einen dazwischen liegenden Zeitraum markiert sind.

In der Forschung sind verschiedene Modelle entwickelt worden, um den prozesshaften Charakter von Unternehmenskrisen näher zu definieren. Dabei haben sich die Überlegungen von Müller und Krystek als wichtigste Ansätze herausgestellt.

So unterteilt Müller den Krisenprozess in vier aufeinander folgende Phasen. Die erste Phase bezeichnet er dabei als strategischen Krise. In ihr sind der Aufbau und / oder die Verfügbarkeit der strategisch bedeutsamen Erfolgspotenziale des Unternehmens durch ungeeignete oder fehlende Strategien gefährdet.[35] In der darauffolgenden Phase, der Erfolgskrise, kommt es dann zur Gefährdung von Zielen wie Umsatz, Absatz und Gewinn.[36] Hierauf folgt die Liquiditätskrise, die eine ernsthafte Bedrohung der Liquidität des Unternehmens darstellt.[37] Der Krisenprozess findet

---

[34] Vgl. zu dem Aspekt der Konstruktion von Krisen durch Stakeholder auch Sandhu 2013, passim.

[35] Vgl. Müller 1986, 25.

[36] Vgl. ebd., 26.

[37] Vgl. ebd., 26 f.

mit der Insolvenz seinen Abschluss, da nunmehr spezifische Gläubigerziele bedroht sind.[38]

Auch wenn Müllers Modell dabei einen guten Überblick und eine klare Einteilung der verschiedenen Phasen einer Unternehmenskrise leistet, ist es nicht unproblematisch. So wird vor allem ein zentraler Aspekt von Unternehmenskrisen nicht beachtet: der potenziell ambivalente Ausgang. So endet eine Krise bei Müller zwangsläufig mit der Insolvenz und damit dem wirtschaftlichen Ende der Unternehmung. Wie aber die zuvor vorgestellten Definitionen gezeigt haben ist es aber ein konstitutiver Bestandteil von Unternehmenskrisen, dass sie auch positiv enden können. Für viele Unternehmen bieten Krisen auch erhebliche Chancen, ihren Fortbestand zu sichern, indem sie sich neu erfinden.

Zur Beschreibung des Krisenprozesses scheint daher das von Krystek vorgeschlagene Modell geeigneter. So unterteilt er eine Unternehmenskrise in ebenfalls vier Phasen. Die erste Phase bezeichnet er als potenzielle Krise.[39] Die Krise ist hier nicht sichtbar und nicht vorhersehbar, wird jedoch durch in diesem Zeitraum erfolgendes Handeln mitverursacht. Darauf folgt die latente Krise, in der die anstehende Krise mit herkömmlichen Instrumentarien der Unternehmen noch nicht sichtbar durch Krisenprävention aber bemerkbar ist.[40] Die dritte Phase wird als akute / beherrschbare Krise bezeichnet. So ist die Krise ausgebrochen, kann aber durch richtige Gegenmaßnahmen in eine konstruktive Situation überführt werden.[41] Erst wenn dies nicht erfolgt, kommt es zur vierten Phase. Die akute / nicht beherrschbare Krise hat dabei die Liquidation des Unternehmens zur unausweichlichen Folge.[42]

Krystek beachtet damit durch seine Unterscheidung zwischen einer beherrschbaren und einer unbeherrschbaren Krise den potenziell ambivalenten Ausgang eben dieser. So kann durch gezieltes Krisenmanagement die entstandene Bedrohung vom Unternehmen abgewendet werden. Dies muss jedoch nicht zwingend der Fall sein. Sowohl die Rettung des Unternehmens als auch die Liquidation erscheinen

---

[38] Vgl. ebd, 27.
[39] Vgl. Krystek 1987, 29.
[40] Vgl. ebd., 30.
[41] Vgl. ebd., 30.
[42] Vgl. ebd., 31.

als mögliche Folgen einer Krise. Wie aber kommt es überhaupt zu Unternehmenskrisen?

2.2.3 Ursachen von Unternehmenskrisen

Nachdem nun die zentralen Charakteristika und der Verlauf von Krisen herausgearbeitet wurden soll die Frage nach den Ursachen gestellt werden. In der Literatur haben sich dabei mit der qualitativen und der quantitativen Krisenursachenforschung zwei grundlegende Paradigmata herausgebildet. Beide sollen im Folgenden vorgestellt und kritisch gewürdigt werden.

Die quantitative Krisenursachenforschung versucht durch statistisch leicht erfassbare Daten wie der Unternehmensgröße, dem Umsatz oder auch der Branchenzugehörigkeit einen Zusammenhang zwischen diesen Fakten und Unternehmenskrisen herzustellen. Als Unternehmenskrise wird hier eine Insolvenz der Organisation verstanden. Durch die Vorgehensweise wird ein Zusammenhang von Ursache und Wirkung zwischen den erhobenen Parametern und dem wirtschaftlichen Scheitern eines Unternehmens hergestellt.[43]

Die Ergebnisse der quantitativen Krisenursachenforschung zeigen dabei, dass vor allem Firmen aus dem Dienstleistungsgewerbe von Krisen betroffen sind. Daneben spielt die Rechtsform der Gesellschaft mit beschränkter Haftung eine entscheidende Rolle bei der Wahrscheinlichkeit, von einer Krise betroffen zu sein. Des Weiteren sind vor allem Unternehmen mit einem Umsatz zwischen 05, und 5 Millionen Euro sowie einem Alter von 0-4 Jahren von Krisen betroffen.[44]

Die Vorgehensweise der quantitativen Krisenursachenforschung ist dabei in gleich mehrfacher Hinsicht problematisch. So werden zum einen nur Krisen erfasst, deren Ausgang mit der Insolvenz des Unternehmens gleichbedeutend war. Hierdurch wird aber der ambivalente Charakter von Krisen außer Acht gelassen, wodurch die Zahl der betrachteten Phänomene eingeschränkt und somit die Aussagefähigkeit der Studien verringert wird. Zum anderen ist fraglich ob es sich bei den erhobenen quantitativen Daten wirklich um Ursachen von Krisen handelt. So sind diese oftmals wohl eher als Symptome zu verstehen, die die betroffenen Unternehmen teilen. Die wirklichen Ursachen können dadurch von oberflächlichen Faktoren in den

---

[43] Vgl. Krystek und Moldenhauer 2007, 41.

[44] Vgl. Krystek und Lenz 2013, 35.

Hintergrund gedrängt werden.[45] Im Gegensatz zur quantitativen geht die qualitative Krisenursachenforschung auf eine gänzlich verschiedene Weise vor. So wertet sie Umfragen von Managern sowie Insolvenz- und Unternehmensberatern aus. Daneben werden Berichte über individuelle Unternehmenskrisen analysiert. Hieraus sollen dann allgemein gültige Hinweise auf die Ursachen von Unternehmenskrisen abgeleitet werden.[46]

Der Vorteil dieser Vorgehensweise liegt auf der Ausweitung des Betrachtungsgegenstandes, da erfolgreich gemeisterte Unternehmenskrisen gezielt mit einbezogen werden können. Es bleibt aber anzumerken, dass in methodischer Hinsicht auf eine induktive Schlussfolgerung zurückgegriffen wird, die postuliert, dass die für ein Unternehmen als ursächlich genannten Faktoren auch für andere Unternehmen generell relevant sind.[47] Nachdem die Ursachen von Krisen analysiert wurden soll im nächsten Schritt die Reaktion auf eine Krise in Form der Krisenkommunikation näher betrachtet werden.

2.3 Krisenkommunikation

2.3.1 Vor der Krise

Das Krisenmanagement und die damit verbundene Krisenkommunikation wird von der Forschung typischerweise in drei Phasen aufgeteilt. Die erste bildet die Prä-Krisenphase, die den Zeitraum vor dem Ausbruch der Krise bezeichnet.[48]

In dieser Phase sollte die verfügbare Zeit genutzt werden, um Krisenszenarien und hierzu passende Botschaften so weit wie möglich vorzubereiten. Es muss ein konkreter Krisenfahrplan erarbeitet werden, dem im Krisenfall mit leichten Modifikationen gefolgt werden kann. Darüber hinaus sollte zumindest eine Person, die als Pressesprecher auftritt, bestenfalls aber ein großer Personenkreis auf eine mögliche Krise vorbereitet werden. Dadurch soll sichergestellt werden, dass die Organisation im konkreten Krisenfall schnell handlungsfähig ist. Im Idealfall werden auch

---

[45] Vgl. Schulenburg 2008, 66; Krystek und Lenz 2013, 35.

[46] Vgl. Krystek und Moldenhauer 2007, 41.

[47] Vgl. Krystek und Lenz 2013, 36f.

[48] Vgl. Coombs 2007. Ternes und Fiederer 2017, 22-27 unterteilen die Krisenkommunikation noch feinkörniger sogar in fünf Phasen, die jedoch weitgehend deckungsgleich mit der klassischen Einteilung in drei Phasen sind.

bereits im Vorfeld gute Kontakte zu Medien und Influencern hergestellt und gepflegt. Diese können im Krisenfall wichtige Ressourcen darstellen um etwa Gerüchte zu korrigieren oder sich glaubwürdig zu entschuldigen.[49]

Um die Entwicklung bzw. den Ausbruch einer Krise frühzeitig zu realisieren empfiehlt sich darüber hinaus ein Media-Monitoring. So ermöglicht eine stetige Überwachung der medialen Aktivitäten frühzeitig wichtige Issues zu identifizieren, die sich schnell zu Krisen auswachsen können. Daneben trägt ein solches Media-Monitoring dem Umstand Rechnung, dass Krisen, wie oben definiert, zu einem großen Teil erst durch die Erwartungen und Ansichten der Stakeholder überhaupt erst entstehen. Sie sind damit oftmals zu einem Großteil (oder gänzlich) durch die Medien erschaffene Konstrukte. Ein solches Monitoring umfasst dabei ausdrücklich auch Soziale Medien.[50]

Damit ergeben sich gleichzeitig zwei zentrale Herausforderungen für das Monitoring im Zeitalter des Web 2.0. Zum einen verfügen Organisationen nur über begrenzte Ressourcen. Sie müssen daher im Vorfeld entscheiden, welche Medien Teil des Monitorings sein sollen. Eine etwaige Fehlauswahl kann dabei extreme Folgen für die Qualität der Krisenvorhersage bedeuten. Zum anderen bedingt die Schnelllebigkeit insbesondere der Sozialen Medien, dass oftmals selbst durch ein gutes Monitoring ein Shitstorm und einer sich anschließende Krise kaum vermieden werden kann. Als Trost bleibt aber, dass, wenn die Krise auch nicht verhindert werden kann, so doch zumindest schneller auf sie reagiert werden kann.[51]

2.3.2 Während der Krise

Generell stellt sich dem Unternehmen dabei die Frage, mit welcher konkreten Strategie vorgegangen werden soll. So kann es sich für eine von drei grundlegenden Vorgehensweisen unterscheiden. Zum einen kann es jegliche Informationen zurückhalten und die Schuld für die Krise von sich weisen. Eine zweite Option besteht darin, sofort die gesamte Schuld auf sich zu nehmen. Diese Vorgehensweise wird in der Literatur oft mit dem lateinischen Begriff „mea culpa" betitelt, was zu Deutsch soviel wie „meine Schuld" bedeutet. Eine dritte Variante schließlich liegt darin, zunächst sehr zurückhaltend zu kommunizieren. Dabei weist das Unternehmen

---

[49] Vgl. Ternes und Fiederer 2017, 24, Hofmann 2013, 353 f. und Coombs 2007.
[50] Vgl. Besson 2013, 377.
[51] Vgl. Besson, ebd.

ausdrücklich darauf hin, dass es aktuell noch zu wenig Informationen über die Lage besitzt, um seine Schuld klar auszuschließen oder anzuerkennen.

In der Literatur ist seit jeher umstritten, welche dieser Vorgehensweise in einer Krisensituation die geeignetste ist. Einen Überblick über die verschiedenen Thesen liefert das Kapitel III.

Generell sinnvoll ist ein bereits in der Prä-Krisenphase ausgearbeiteter konsistenter Krisenkommunikationsplan. Neben einer Übersicht über die Verantwortlichen beinhaltet er konkret ausgearbeitete Botschaften, die im Krisenfall schnell an die Öffentlichkeit durch verschiedene Medien übertragen werden können.[52] Ein solcher Notfallplan kann jedoch nur einen ersten Zugang zur Kommunikation der Krise liefern. So ist wie bereits angemerkt jede Krise individuell und bietet ihre ganz eigenen Herausforderungen. Gerade dieses Merkmal zeichnet ja den Charakter von Krisen aus.

Ein Notfallplan, auch wenn er nur eine grobe Richtlinie bildet, ist aber dennoch äußerst sinnvoll, da er dem Betroffenen Unternehmen und den verantwortlichen Mitarbeitern Raum verschafft, adäquat auf die Krise zu reagieren.[53] Das Vorhandensein bewährter Vorgehensweisen stärkt außerdem das Selbstbewusstsein der betroffenen Akteure. Dadurch werden panikartige und überhastete Reaktionen vermieden, die zu großen Schäden für das Unternehmen führen könnten.

Wie lang die Phase der Kommunikation während der Krise anhält, lässt sich nicht pauschal sagen. So hat jede Krise bedingt durch ihre Individualität auch eine ganz eigene Dauer. Daneben ist es schwer, die Phase der akuten Krise von der darauffolgenden Post-Krisenphase genauestens abzugrenzen. Klar ist aber, dass auch nach einer Krise weiter kommuniziert werden sollte. Wie eine solche Kommunikation aussehen sollte, wird im nächsten Schritt gezeigt.

2.3.3 Nach der Krise

Die dritte Phase der Krisenkommunikation stellt die Post-Krisenphase dar.[54] Bei der Beschreibung der Kommunikation in dieser Phase stellt sich dabei zunächst ein methodisches Problem. So ist das genaue Ende einer Krise nur schwer auszumachen und zum Teil gar nicht genau bestimmbar. So können krisenhafte

---

52 Vgl. Coombs 2007.
53 Vgl. ebd.
54 Vgl. Vgl. Coombs 2007; Ternes und Fiederer 2017, 22-27.

Phänomene teils jahre- bis jahrzentelange Folgen nach sich ziehen, die die Existenz des Unternehmens weiterhin gefährden können. Darüber hinaus kann noch Jahrzehnte später durch Medien auf vergangene Krisen zurückgegriffen werden, die als Stigmata des Unternehmens im kollektiven Gedächtnis verbleiben. Es ist daher davon auszugehen, dass es sich um einen fließenden Übergang zwischen der akuten Krise und ihrem Ende handelt.

Umso wichtiger ist es daher für das Unternehmen, die Krisenkommunikation nicht einfach abrupt einzustellen. Das Unternehmen muss weiter mit den Stakeholdern kommunizieren um das verlorene Vertrauen wiederzuerlangen. Hierbei bietet sich eine kontinuierliche Berichterstattung über die Aufarbeitung der Krise und die Beseitigung etwaiger Missstände an.[55] Das Unternehmens signalisiert damit den Betroffenen wie auch der Öffentlichkeit seine Bereitschaft, die Krise wahrhaftig aufzuarbeiten.[56]

Darüber hinaus ist das Lernen aus einer geschehenen Krise ein zentraler Bestandteil einer erfolgreichen Unternehmenskultur. So kann die einmal eingetretene Krise zwar nicht mehr ungeschehen gemacht werden, sie kann aber als Fehler angesehen werden, aus dem für die Zukunft des Unternehmens gelernt wird. Oftmals ist eine Krise ein deutlicher Hinweis auf bestehende strukturelle oder personelle Probleme, zu deren Veränderung die eingetretene Gefahr Anlass gibt.[57] Auch können Unternehmen gestärkt aus einer Krise hervorgehen. Indem sie die Fähigkeit demonstrieren, wieder aufzustehen, können sie eventuell sogar bessere Beziehungen zu ihren Stakeholdern aufbauen als zuvor.

---

[55] Vgl. ebd.
[56] Vgl. Ternes und Fiederer 2018, 28.
[57] Vgl. ebd, 29.

3 Strategien der Krisenkommunikation

3.1 „Mea Culpa"? Die Schuld eingestehen, von sich weisen oder sich gar nicht äußern?

Ist es erst einmal zum Ausbruch einer Unternehmenskrise gekommen, stellt sich sofort die Frage nach einer angemessenen Reaktion auf diese. Eine solche Reaktion ist dabei vor allem von der Frage der Selbstverschuldung der Krise durch das Unternehmen abhängig. Handelt es sich etwa um eine durch exogene Faktoren herbeigeführte bedrohliche Situation, so kann das Unternehmen lediglich über die Geschehnisse aufklären und die Öffentlichkeit sowie die Stakeholder über zu erwartende Gegenmaßnahmen unterrichten.[58]

Handelt es sich dagegen um eine durch endogene Faktoren wie beispielsweise Missmanagement verursachte Krise, so stellt sich für die betroffene Organisation die Frage, wie hierauf reagiert werden soll.[59] Dabei können generell drei Reaktionsmodi unterschieden werden. So kann das Unternehmen sich sofort für schuldig bekennen, zunächst abwartend agieren oder jegliche Schuld von sich weisen.[60]

In der Forschung ist dabei die Frage, welche Reaktionsweise die angemessenste ist, kontrovers diskutiert worden. Generell überwiegt in der Debatte die Ansicht, dass sofort wahrheitsgemäß durch das Unternehmen kommuniziert werden sollte. Diese Meinung vertreten beispielsweise Merten, Besson und .[61] Coombs und Holladay sehen dagegen ein Schuldeingeständnis als äußerst problematisch an, da so für das Unternehmen vor Gericht massive finanzielle Strafen drohen könnten.[62] Dabei sollte jedoch nicht außer Acht gelassen werden, dass Coombs und Holladay als amerikanische Autoren damit vor allem der us-amerikanischen Jurisdiktion Rechnung tragen, die mit der deutschen nicht vergleichbar ist. Durch internationale Verflechtung und weltweite Marktpräsenz werden jedoch solche Fragen auch für deutsche Unternehmen immer bedeutsamer. Dies gilt auch für das im Anschluss zu untersuchende Beispiel Volkswagen. Auch y und b argumentieren gegen ein

---

[58] Vgl. zu typischen exogenen Ursachen von Unternehmenskrisen Krystek und Moldenhauer 2007; Krystek und Lenz 2013 sowie Schulenburg 2008.

[59] Vgl. zu weiteren endogenen Ursachen für Unternehmenskrisen Krystek und Moldenhauer 2007; Krystek und Lenz 2013 sowie Schulenburg 2008.

[60] Vgl. Radic und Haugk, Kommunikationsstrategien.

[61] Vgl. Merten 2013, 164, Besson 2013, 30 und Riecken 2013, 324.

[62] Vgl. Coombs und Holladay 2008, passim.

sofortiges „Mea Culpa" des Unternehmens. Sie betonen, dass durch diese Vorgehensweise verfrüht der Unmut der Öffentlichkeit auf sich gezogen werde.

Radic und Haugk haben dieser zentralen Frage durch ein Experiment auf den Grund zu gehen versucht. So ließen sie Testpersonen ein fiktives Szenario nachempfinden: eine Kaffeehauskette hatte damit zu kämpfen, dass zahlreiche Kunden nach dem Besuch der Geschäfte eine Lebensmittelvergiftung bekommen hatten. Diese Informationen wurden den Probanden durch fingierte Zeitungsartikel übermittelt.[63]

Den verschiedenen Testpersonen wurde im Anschluss eine von drei möglichen Reaktionen des Unternehmens auf den Vorfall präsentiert. So reagierte es entweder mit einem sofortigen Schuldeingeständnis, der Salami-Taktik oder wies jegliche Schuld von sich. An diese drei Szenarien schlossen sich jeweils zwei mögliche Aufklärungen der Krise an: entweder war die Kaffeehauskette wirklich für die gesundheitlichen Probleme der Kunden verantwortlich oder völlig unschuldig.[64]

Die Probanden hatten anschließend zu bewerten, ob sie erneut bei der Kette kaufen würden. Die Ergebnisse zeigten dabei kein eindeutiges Resultat. So war etwa ein verschweigen des Verschuldens durch das Unternehmen auch dann nicht negativ, wenn dieses wirklich schuldig war.[65]

Die Ergebnisse der Untersuchung widersprechen damit zumindest der weit verbreiteten Meinung, dass ein Unternehmen stets komplett ehrlich agieren müsse, um eine Krise zu überwinden. Aus rein objektiven Gesichtspunkten scheint dies nicht zwangsläufig der Fall zu sein. Wohl aber gebieten es moralisch-ethische Überlegungen, sich so zu verhalten. Diese spielen jedoch in der Wirtschaft nicht zwangsläufig immer eine Rolle.

Es muss jedoch auch hinterfragt werden, wie gut ein solcher Versuchsaufbau die Realität widerspiegeln kann. So sind die wahren Geschehnisse in Krisen deutlich komplexer als in dem von Radic und Haugk durchgeführten Szenario. Hinzu kommt, dass die Autoren keine Angaben über die ausgewählten Testpersonen machen. Es stellt sich hier die Frage inwieweit die Stichprobe verzerrt und damit noch

---

[63] Vgl. Radic und Haugk, Kommunikationsstrategien.
[64] Vgl. ebd.
[65] Vgl. ebd.

repräsentativ für die Grundgesamtheit ist. In einem Krisenfall würde diese sehr eng mit der gesamtdeutschen Bevölkerung zusammenfallen.

Es zeigt sich also, dass eine Lösung im Sinne einer one size fits all nicht vorhanden zu sein scheint. Jede Krise bringt ihre eigenen Charakteristika und kommunikativen Herausforderungen mit sich, die die Verantwortlichen zu berücksichtigen haben.

Nachdem nun also die generellen Strategien bei Krisen analysiert wurden, soll im nächsten Schritt der Frage nachgegangen werden, welche spezifischen Herausforderungen und Strategien die Krisenkommunikation in Sozialen Medien mit sich bringt.

3.2 Die Spielregeln von Facebook, Twitter und Co.

Wie bereits im Kapitel zur Definition und den Besonderheiten von Social Media angemerkt, bedingen diese Kanäle ganz eigene kommunikative Spielregeln, die durch Unternehmen beachtet werden müssen, um erfolgreich mit Usern zu kommunizieren.[66]

So wandelt sich durch soziale Medien die Kommunikation hin zu dialogischen Formen. Die User können nun direkt auf die Botschaften, die die Unternehmen senden reagieren und sind mehr als bloße Empfänger.[67] So sind Journalisten nicht mehr die Hauptzielgruppe der PR. Krisen entstehen und Wachsen viel schneller, es werden innerhalb kürzester Zeit Reaktionen und Stellungnahmen des Unternehmens erwartet. Diese soll offen, ehrlich und kompetent sein. Die Kommunikation in Social Media gehorcht eigenen Gesetzen, Authentizität und Wertschätzung sind wichtige Aspekte.[68]

Hinzu komme, dass das Internet keine Informationen vergisst. Einmal gespeicherte Daten sind kaum mehr aus dem World Wide Web zu löschen. Das bedeutet, dass Kommunikatoren sehr vorsichtig agieren müssen, da einmal veröffentlichte Inhalte quasi in Stein gemeißelt sind. Gleichzeitig lässt sich die Verbreitung der Bot-

---

[66] Vgl. generell zu den Besonderheiten von Social Media Kietzmann, Jan H., Hermkens, Kristopher, McCarthy, Ian P. und Silvestre, Bruno S., 2011.

[67] Vgl. Riecken 2013, 328, Kietzmann u. a. 2011, 250 und Hettler 2013, 68.

[68] Vgl. Besson 2013, 360.

schaften an eine ausgewählte Zielgruppe kaum mehr gewährleisten, da Informationen von Nutzern teilweise einfach weiterverbreitet werden.[69]

All diese Entwicklungen haben eine extrem gestiegene Macht der Stakeholder zur Folge. Das Unternehmen verliert zunehmend an Macht über seine eigene Kommunikation. Dies hat zur Folge, dass Unternehmen, die erfolgreich bleiben wollen, ihre Kommunikationsstrategien anpassen müssen.[70]

---

[69] Vgl. Hettler 2013, 68 f.
[70] Vgl. Kietzmann u.a. 2011, 250 f.

4 Fallbeispiele

4.1 Fallbeispiel: Der Abgasskandal

4.1.1 Das Unternehmen

Durch die Entwicklungen auf dem amerikanischen Markt und die Massenfertigung von Automobilen in Übersee zu Beginn des 20. Jahrhunderts begann auch in Deutschland eine erste Debatte über Automobile für weite Teile der Bevölkerung. Diese wurden als Volkswagen bezeichnet. Noch aber waren die von Henry Ford produzierten amerikanischen Wagen Marktführer. Deutsche Hersteller wie Mercedes, BMW und Opel legten zwar erste Modellentwürfe für die Produktion von Volkswagen vor, diese wurden jedoch nicht auf dem Massenmarkt realisiert.[71]

1937, zu Zeiten der Nationalsozialisten, gründete dann die Deutsche Arbeitsfront in Berlin die "Gesellschaft zur Vorbereitung des Deutschen Volkswagens mbH". Ein Jahr später begann der Bau eines Volskwagenwerks in Fallersleben. Es kam jedoch nicht zur Produktion von Personenkraftwagen, sondern mit Beginn des Kriegs zur Herstellung von Rüstungsgütern. Im Werk wurden dabei rund 20.000 Zwangsarbeiter eingesetzt. Diese wurden am 11. April 1945 mit dem Einmarsch der amerikanischen Truppen befreit.[72]

Nach 1945 befand sich das Werk unter britischer Kontrolle und produzierte Limousinen in Serie. So sicherte der Betrieb der umliegenden Bevölkerung Arbeit und damit auch Nahrung und Wohnraum. Für die Briten hatte die Produktion wichtige Vorteile, da der Krieg den Bestand an britischen Militärfahrzeugen dezimiert hatte. Diese konnten nun mit deutschen Fabrikaten ersetzt werden.[73]

---

[71] Vgl. Volkswagen 2018a. Die für die Darstellung der Unternehmenshistorie der Volkswagen AG verwendeten Quellen sind durch den Konzern selbst publizierte Dokumente. Der Autor ist sich darüber im Klaren, dass diese, wenn auch von studierten Historikern ausgearbeitete, dennoch nicht wertfreie objektive Beschreibungen der Firmengeschichte darstellen. Es handelt sich jedoch nach eigener Recherche um die verlässlichsten Informationen, da sie auf den umfangreichen Beständen des Volkswagenarchivs aufbauen. Da in dieser Arbeit nur ein kurzer Überblick über die Firmenhintergründe bis heute gegen werden soll, erübrigt sich daher eine weitere Materialrecherche aus arbeitsökonomischen Gründen.

[72] Vgl. Volkswagen 2018b.

[73] Vgl. Volkswagen 2018c.

Durch die Förderung der Briten wuchs das Werk stetig an. Schon den Zeitgenossen galt es daher als Inbegriff des Westdeutschen Wirtschaftswunders, das mit den 50er Jahren einsetzte. Ein Drittel der produzierten Fahrzeuge wurden dabei bereits in 18 vorwiegend europäische Staaten ausgeführt.[74]

In der Folge wuchs das Unternehmen rasch. Im Inland hielt VW einen Marktanteil von 33 Prozent. Auch die Ausfuhren ins Ausland nahmen stetig zu. So betrugen die Exporte nach Amerika im Jahr 1964 330.000 Fahrzeuge. Beliebtestes Modell war dabei der Käfer, der zum Markenzeichen des Konzerns werden sollte.[75]

Infolge des Ölpreisschocks kam es in den siebziger Jahren zu einer ersten Krise für das Unternehmen. So war die Liquidität des Unternehmens durch die weltweit aufgrund der Rezession geringen Nachfrage stark bedroht. Eine neue Generation von Volkswagen schaffte hier Abhilfe. So konnten Marktanteile zurückgewonnen werden. Aufgrund der zweiten Ölkrise 1980 mussten vor allem deutsche Premiumhersteller Verkaufseinbußen hinnehmen. Volkswagen kamen hier die sparsamen Modelle zugute, die in Zeiten extremer Spritpreise für die Kunden attraktive erschienen.[76]

In den achtziger Jahren wuchs der Volkswagenkonzern dann zu einem global produzierenden Mehrmarken-Verbund heran. Kernbestandteil war dabei der Einstieg in den asiatischen Markt. Gleichzeitig wurde die Führungsposition in Europa ausgebaut. 1982 konnten 619.000 Fahrzeuge verkauft werden. Der Zusammenbruch der sozialistischen Planwirtschaften im Jahr 1989 brachte dann wiederum neue Impulse für den Konzern mit sich. So konnte mit Osteuropa ein völlig neuer Markt ins Auge genommen werden.[77]

In den Neunziger Jahren gelangte der Konzern dann wieder in eine Krise. Gerade die japanische Konkurrenz erhöhte den Druck auf den deutschen Hersteller, der durch konkurrenzfähige Preise seine Rentabilität einzubüßen drohte. Reagiert wurde durch das Management mit der Reorganisation des Produktionssystems nach dem Vorbild der schlanken Fertigung mit flachen Hierarchien, teamförmiger Arbeitsorganisation und geringer Fertigungstiefe sowie logistischer Vernetzung mit den Zulieferern.

---

[74] Vgl. Volkswagen 2018d.
[75] Vgl. Volkswagen 2018e.
[76] Vgl. Volkswagen 2018f.
[77] Vgl. Volkswagen 2018g.

In den 2000er Jahren wurden die zuvor implementierten Maßnahemn um die Modulstrategie erweitert. Über mehrere Fahrzeugklassen hinweg wurden gleichförmige Module verbaut, wodurch sich immense Einsparpotenziale ergaben. 2007 begann die Restrukturierung der Marke VW mit der vom Vorstandsvorsitzenden Martin Winterkorn formulierten Wachstumsstrategie. So sollte bis 2018 VW zum absatzstärksten Automobilhersteller der Welt werden.[78]

Führt man sich die jahrzehntelange Unternehmensgeschichte des Konzerns vor Augen, so werden zwei zentrale Punkte für die hier betrachteten Fragestellungen entscheidend. Zum einen gab es bei VW immer wieder Krisen, die durch angemessenes Management bewältigt werden konnten. Die VW AG ging dabei stets gestärkt aus diesen Krisen hervor, was den zuvor beschriebenen ambivalenten Charakter von Krisen erneut betont. Zum anderen bietet gerade die 2007 ausgegebene Strategie, zum größten Autobauer der Welt aufsteigen zu wollen, eine instruktive Erklärung für den Ausbruch des Abgasskandals, der im folgenden Kapitel dargelegt wird.

4.1.2 Die Krise

Die Ursprünge des VW-Abgasskandals reichen weit zurück. So wurden die Grundlagen für die späteren Manipulationen bereits im Jahr 2007 gelegt. So führte der Konzern im Sommer 2007 einen neuen Dieselmotor mit dem Namen EA 189 in Europa ein. Dieser wurde später auch in den USA ein auf den Markt gebracht, wo der Dieselantrieb jedoch als nicht sauber gilt. VW reagiert auf diese Ablehnung mit einer Marketingmaßnahme: der Motor wird "Clean Diesel" genannt.[79]

In technischer Hinsicht verzichtet VW bewusst auf eine Stickoxid-Reinigung durch Harnstoffeinspritzung und entscheidet sich für eine einfachere Variante mit NOx-Speicherkatalysatoren. Diese reichen jedoch offenbar nicht aus, um die amerikanischen Standards einzuhalten. Ein Ausweg bietet sich in der Manipulation der Motorsteuerungssoftware. So kann der Bordcomputer erkennen, wenn sich das Auto auf einem Rollenprüfstand befindet. Im Anschluss schaltet er dann in einen

---

[78] Vgl. Volkswagen 2018h.
[79] Vgl. Zeit, Dieselskandal 2018.

besonderen Testmodus. Die Prüfer können solche Manipulationen nicht erkennen.[80] Wer für dieses Vorgehen verantwortlich zeichnet ist ungewiss.[81]

Es dauert jedoch noch eine ganze Weile, bis der Betrug publik wird. So stellt das International Council on Clean Transportation (ICCT) erst im Mai 2014 fest, dass zwei VW-Fahrzeuge, ein US-Jetta und ein US-Passat auf der Straße deutlich höhere Stickoxidwerte aufweisen als im Labor. Belege für eine Manipulation kann die Nonprofit-Organisation allerdings nicht vorlegen. Sie informiert daraufhin die US-Umweltbehörde EPA sowie die kalifornische Luftreinheitsbehörde Carb.[82]

Die US-Behörden konfrontieren VW daraufhin und verlangen eine Erklärung für die abweichenden Messwerte. VW reagiert mit der Erklärung, es handle sich um einen bloßen Softwarefehler. Eine halbe Million Fahrzeuge werden daraufhin in den USA zurückgerufen. Das Problem soll mit einem Software-Update behoben werden. Bei einer erneuten Messung im Mai 2015 durch Carb sind die Abgaswerte jedoch noch immer viel zu hoch, die Behörde konfrontiert den Konzern mit den Ergebnissen. Sie droht damit, den Modellen mit dem Baujahr 2016 keine Zulassung auf dem US-Markt zu erteilen. Erst jetzt kommuniziert VW die wirklichen Begebenheiten an die Öffentlichkeit. So gesteht das Unternehmen gegenüber den beiden US-Behörden Carb und EPA am 3. September 2015 ein, dass die Dieselfahrzeuge illegaler Weise mit einer Abschaltvorrichtung ausgestattet waren. Diese sorgte dafür, dass eine Abgaskontrolle umgangen werden konnte. Am 18. September 2015 reagiert Carb mit der Forderung, dass VW of America eine Korrektur der betroffenen Fahrzeuge vornehmen solle.[83]

Die EPA richtete am selben Tag eine Notice of Violation an die VW Group of America, in der die juristischen Vorwürfe genau erläutert wurden. Als Folge des Verfahrens drohen dem Konzern bis zu 14,7 Mrd. US-Dollar Strafe.[84] Dieses Ereignis markiert den Zeitpunkt, ab dem von einer manifesten Krise für den Konzern gesprochen werden kann. So bedrohte die immens hohe Strafsumme in Kombination mit dem Reputationsverlust durch die bewusste Manipulation von Produkten den Fortbestand des Unternehmens immens.

---

80 Vgl. Der Spiegel, Spritverbrauch.
81 Vgl. Die Zeit, Dieselskandal.
82 Vgl. Die Zeit, Dieselskandal.
83 Vgl. Die Zeit, Dieselskandal.
84 Vgl. Die Zeit, Abgasskandal.

Nur zwei Tage später räume der damalige Konzernchef Martin Winterkorn das Fehlverhalten des Konzerns öffentlich ein. Am 22. September entschuldigte er sich auf einer Pressekonferenz für die Vorkommnisse. Dabei trat er betont demütig auf und sagte:

> "Der Vorstand der Volkswagen AG nimmt die festgestellten Verstöße sehr ernst. Ich persönlich bedauere zutiefst, dass wir das Vertrauen unserer Kunden und der Öffentlichkeit enttäuscht haben. Wir arbeiten mit den zuständigen Behörden offen und umfassend zusammen, um den Sachverhalt schnell und transparent vollumfänglich zu klären. Hierzu hat Volkswagen eine externe Untersuchung beauftragt.
>
> Klar ist: Volkswagen duldet keine Regel- oder Gesetzesverstöße jedweder Art.
>
> Das Vertrauen unserer Kunden und der Öffentlichkeit ist und bleibt unser wichtigstes Gut. Wir bei Volkswagen werden alles daran setzen, das Vertrauen, das uns so viele Menschen schenken, vollständig wiederzugewinnen und dafür alles Erforderliche tun, um Schaden abzuwenden. Die Geschehnisse haben für uns im Vorstand und für mich ganz persönlich höchste Priorität."[85]

Mit diesem Eingeständnis begann der Konzern auch mit einer Reihe von Krisenmaßnahmen. Diese wurden dabei auch im sozialen Netzwerk Facebook angewandt. Sie sollen im Folgenden analysiert werden.

4.1.3 Die Reaktion

Der Volkswagenkonzern reagierte auf Facebook unmittelbar auf die Bekanntgabe der Diesel-Skandals. So wurde die Rede des Vorstandsvorsitzenden Martin Winterkorn veröffentlicht, die von den folgenden Worten begleitet wurde:

> „Liebe Facebook-Nutzer,
>
> wir verstehen eure Enttäuschung. Volkswagen treibt die Aufklärung von Unregelmäßigkeiten einer verwendeten Software bei Diesel-Motoren mit Hochdruck voran. Die aktuell in der Europäischen Union angebotenen Neuwagen mit Dieselantrieb EU 6 aus dem Volkswagen Konzern erfüllen die gesetzlichen Anforderungen und Umweltnormen. Die beanstandete Software beeinflusst weder Fahrverhalten, Verbrauch noch Emissionen. Somit besteht für Kunden und Händler Klarheit.
>
> Oberstes Ziel des Vorstands bleibt es, verloren gegangenes Vertrauen zurückzugewinnen und Schaden von unseren Kunden abzuwenden. Der Konzern wird die

---

[85] Vgl. Volkswagen 2015a.

25

Öffentlichkeit über den weiteren Fortgang der Ermittlungen fortlaufend und transparent informieren."

Abbildung 1: Post der Volkswagen AG am 22. September 2015[86]

Der Konzern reagierte damit auf den zuvor ausgebrochenen Shitstorm innerhalb vieler sozialer Netzwerke. Dabei kommunizierte er bewusst behutsam. So signalisierte er zunächst Verständnis für den Unmut der User. Gleichzeitig wurde die Bereitschaft an einer Aufarbeitung der Vorgänge aktiv mitzuwirken, signalisiert. Es wurde aber auch ausdrücklich hervorgehoben, dass die aktuell vertriebenen Diesel nicht gegen bestehende Bestimmungen der EU verstoßen würden. Darüber hinaus wurde sofort klar gemacht, dass verloren gegangenes Kundenvertrauen durch den Vorstand zurückgewonnen werden möchte. Außerdem wurde umfassende Transparenz angekündigt.

Der Konzern reagierte damit in Übereinstimmung der zentralen durch die Literatur gesetzten Leitlinien. So wurde unmittelbar nach Ausbruch der Krise reagiert. Dabei wurde jedoch auf ein Schuldeingeständnis verzichtet. Gleichzeitig wurde Verständnis für den Unmut der Betroffenen ausgedrückt und eine Aufarbeitung der Missstände betont.[87]

Dabei verzichtete der Konzern zunächst auf weitergehende krisenbezogene Kommunikationsmaßnahmen auf Facebook. Stattdessen wurden weiterhin produktbezogene Informationen veröffentlicht. Damit signalisierte der Konzern, dass die Krise nicht besonders schwer sei und den Fortbestand des Unternehmens nicht gefährdete. Eine solche Vorgehensweise ist jedoch in vielerlei Hinsicht

---

[86] Volkswagen 2015b.

[87] Vgl. Merten 2013, 164, Besson 2013, 30 und Riecken 2013, 324 sowie Coombs und Holladay 2008, passim.

problematisch. So kann sie auch als Ausdruck einer Überheblichkeit verstanden werden, da der Konzern schlicht sein Tagesgeschäft fortsetzt. Gerade in der Rückschau, die die Salamitaktik der VW AG offenlegt, ist solch ein Verhalten negativ zu bewerten.[88]

Der nächste auf den Skandal bezogene Post findet sich erst am 30. Oktober 2015. Er zeigt eine Collage, die aus Facebookposts zusammengesetzt ist. Aufgrund der Qualität ist der Inhalt dieser nicht ersichtlich. Es handelt sich aber sehr wahrscheinlich um Kommentare von Usern, die Ihre Solidarität für VW ausdrückten. So ist die Collage mit „Ihr seid Volkswagen" überschrieben. Wie ein Blick auf die mehr als 550 Kommentare zeigt, verfehlte diese Maßnahme ihre Wirkung nicht. So reagierten Nutzer mit Kommentaren wie „Wenige können nicht zerstören was Tausende mit ihren Händen aufgebaut haben."[89]

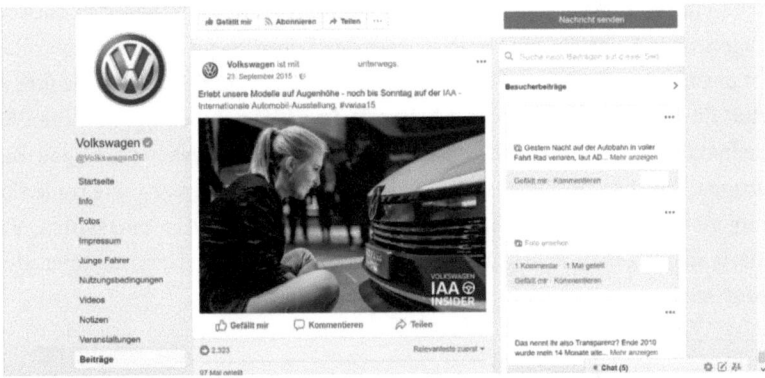

Abbildung 2 Werbung nach der Krise: Facebook-Post am 23. September 2015

Zwar finden sich daneben auch kritische Stimmen, jedoch überwiegen bei Weitem die positiven Kommentare. VW gelang es hier also, seine treue Community zu aktivieren.

---

[88] Vgl. generell zur Salamataktik und zu ihrem Einsatz in der Krisenkommunikation Radic und Haugk, Kommunikationsstrategien.

[89] Volkswagen 2015c.

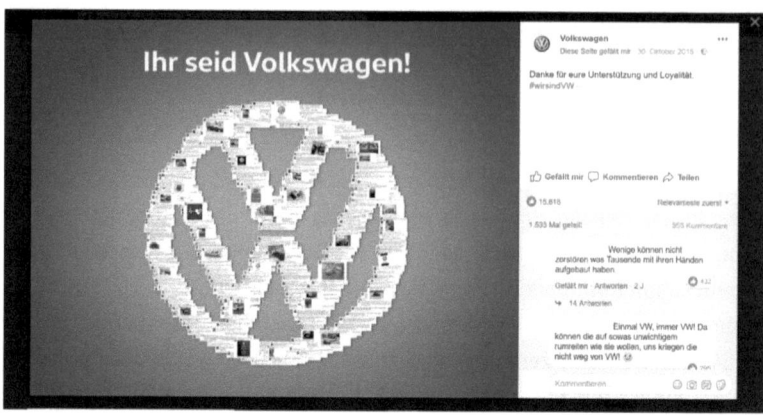

Abbildung 3 Aktivierung der Community: Facebook-Post vom 30.10.2015[90]

Dass eine solche Vorgehensweise von Erfolg gekrönt ist, zeigte sich auch wenige Tage später. So zeigte ein weiterer Post des Konzerns wiederum eine Collage. Sie ist diesmal aus Fotos von Volkswagenbesitzern zusammengestellt, die ihre Solidarität für den Konzern bekundet haben. Indem VW sich bei diesen treuen Kunden bedankte verstärkte das Unternehmen die Bindung dieser wichtigen Kundengruppe. Gleichzeitig signalisierte es der Öffentlichkeit, dass es eine treue Community gibt, die das Unternehmen auch in schwierigen Zeiten unterstützt. VW reagierte damit genau richtig, indem die im sozialen Netzwerk schlummernden Ressourcen aktiviert wurden.

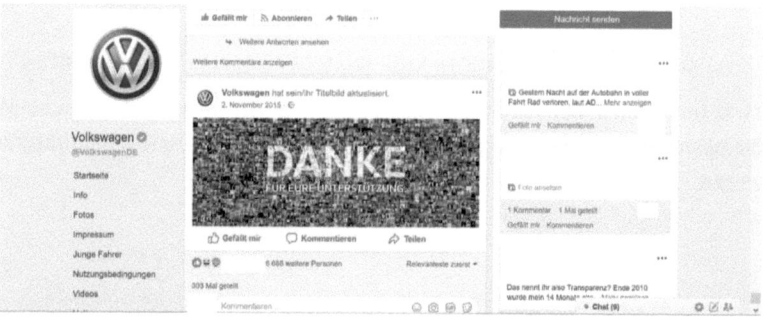

Abbildung 4 Mobilisierung und Honorierung der Markenbotschafter: Facebook-Post vom 02. November 2015[91]

---

[90] Volkswagen 2015d.
[91] Volkswagen 2015e.

Auch in der Folgezeit machte VW vieles richtig. So wurde in regelmäßigen Abständen über den Krisenstand informiert. Dabei wurden immer wieder Bilder gepostet, die darüber informierten, wie viele der betroffenen Diesel bisher erfolgreich umgerüstet wurden. Damit ließ der Konzern den Kontakt zur Öffentlichkeit nicht abreißen und zeigte seine Bereitschaft, die Krise aufzuarbeiten.[92]

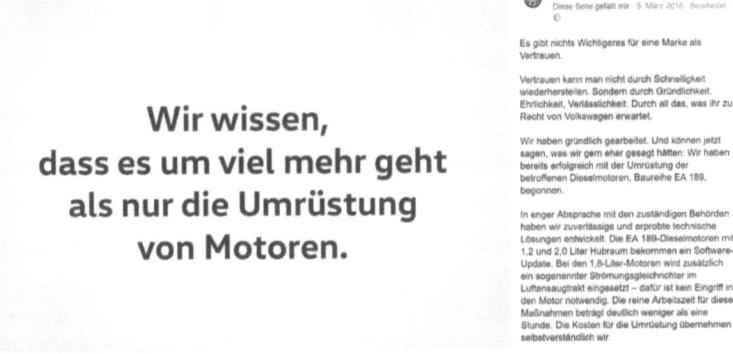

Abbildung 5 Beginn der Umrüstungen: Demonstrative Demut gegenüber der Community[93]

Der Beginn dieser stetigen Kundeninformierung war dabei von einer erneuten Entschuldigung begleitet. So wurde darauf hingewiesen, dass es um mehr als nur die Umrüstung betroffener Fahrzeuge ging. Vielmehr gehe es VW um das Vertrauen der Kunden.

---

[92] Vgl. Merten 2013, 164.
[93] Volkswagen 2016a.

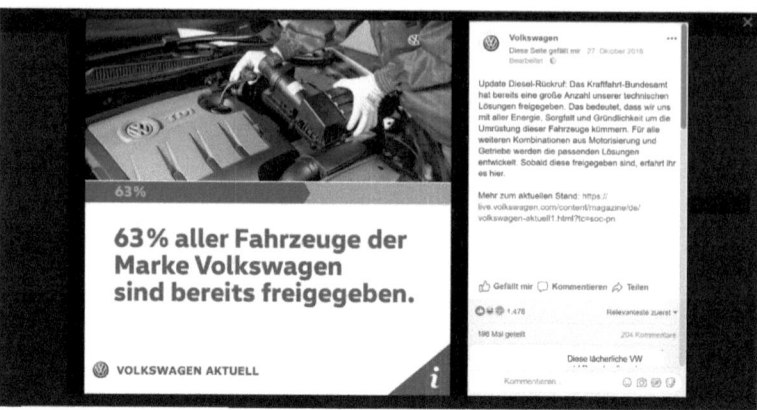

Abbildung 6 Up-to-date: Facebook-Post vom 27.10.2016[94]

Die Reaktion der Community zeigt auch hier wieder, welchen Auswirkungen diese Maßnahme hatte. So schreibt etwa der User „Tim Bray": „Solange die Schummeldiesel nach der Aktion KEINE Schummeldiesel mehr sind und der Kunde fürs Beheben eines von VW verursachten Problems nicht zur Kasse gebeten wird, ist alles in Ordnung."[95] Es finden sich jedoch auch negative Stimmen. So kommentiert etwa „Andreas K. Bauer": „Lieber Volkswagenkonzern, ich würde mich schämen hier an dieser Stelle sich mit "Maßnahmen" und mit "aller Energie" zu brüsten. Was Ihr mit uns VW Fahrern (und die Konzernmarken eingeschlossen) macht, ist ein Faustschlag in das Gesicht jedes Kunden. Ebenso könntet ihr jedem Kunden bei der Abholung seines Fahrzeuges gleich ins Gesicht spucken, das wäre wenigstens ehrlich. Dann wüsten wir Kunden wenigstens was ihr von uns haltet. Kundenzufriedenheit, Kundenservice, Kundenbindung -> das sind keine Fremdwörter in Deutschland, diese kann man in jedem Duden nachschlagen. Den US Bürgern kriecht ihr in den Arsch bis ihr wieder obern rauskommt und wir bezahlen die Zeche. Anscheinend ist ein mini Markt wichtiger wie der mega Markt Europa. Ich fahre seit 30 Jahren Auto und hatte immer ein bis zwei Deutsche im Fuhrpark, ob das so bleibt ist fraglich. Respekt".

Solche negativen Stimmen bleiben aber in der Unterzahl. VW reagiert hierauf vorbildlich, indem der Konzern zunächst gar nicht reagiert. Damit überlässt der

---

94 Volkswagen 2016b.
95 Volkswagen 2016b.

Konzern das Feld der Diskussion ganz der Community. Die beiden antagonistischen Lager pro und contra VW beharken sich so gegenseitig und neutralisieren sich weitgehend.[96] Der Konzern entschärft dadurch die Diskussion und verhindert, selbst durch eine unpassende Aussage in ein Fettnäpfchen zu treten.[97]

Blickt man auf die Vorgehensweise des Konzerns auf Facebook zeigt sich also ein geschlossenes Bild. Es wurde unmittelbar und schnell auf die Krise reagiert. Dabei wurde ein sofortiges Schuldeingeständnis vermieden. Gleichzeitig wurde Verständnis für den Unmut der Kunden gezeigt. Darüber hinaus wurde die Community aktiviert um sich für das Unternehmen positiv auszusprechen. Durch ein hohes Commitment der Kunden konnte so das Lager, das sich gegen den Konzern aussprach, durch treue Kunden neutralisiert werden.

Auch wurde die Krise sukzessive aufgearbeitet, indem über den aktuellen Stand der Behebung der Problematik informiert wurde. Dadurch wurde den Betroffenen das Gefühl der Anteilnahme vermittelt und die Gewissheit verschafft, dass sie mit ihren Problemen nicht allein sind.

In einem letzten Schritt soll nun das konkrete Verhalten der Social Media Beauftragten des Konzerns in verschiedenen Situationen analysiert werden. Hierbei soll es beispielsweise darum gehen, wie die für Posts und Kommentare des Konzerns verantwortlichen Mitarbeiter auf Kritik und Beleidigungen reagierten.

Auch mit der Post-Krisenphase geht der Konzern auf Facebook erfolgreich um. So gibt es auch mehrere Monate nach der Krise nach wie vor Beschwerden von Kunden auf der Social Media Seite von Volkswagen. Solch anklagende Kommentare werden aber von der Community nicht unisono unterstützt. Vielmehr scheinen sich zwei Fronten gebildet zu haben. So stehen auf der einen Seite markentreue Verfechter, die sich für das Image von VW einsetzen. Sie versuchen die Krise kleinzureden und zu relativieren, indem auf die Schuld weiterer Autohersteller Bezug genommen wird. Auf der anderen Seite schalten sich aber auch zahlreiche Stimmen ein, die ebenfalls unter den Folgen der Krise gelitten haben und eine Beschwerde unterstützen. Volkswagen selbst verhält sich hier vorbildlich, indem sich der Community Manager erst zum Ende der Diskussion einschaltet. Dadurch nimmt er das eskalative Potential aus der Situation und lässt die Community ihre Streitigkeiten

---

[96] Vgl. Hofmann 2013, 357.
[97] Vgl. Hofmann 2013, 358 und Besson 2013, 360.

selbst klären. Bei seinem Kommentar bleibt der Manager dabei höflich und empathisch. Durch die Nennung seines Namens am Ende der Anmerkung wird er darüber hinaus nahbar und tritt persönlich auf.[98]

Die Social-Media-Verantwortlichen der VW AG gehen hier genau so vor, wie es die Literatur empfiehlt. So sollte ein von negativer Kritik betroffenes Unternehmen in Sozialen Medien immer als Moderator auftreten. Die geäußerte Kritik sollte ernst genommen werden, aber gleichzeitig aufgefangen und neutralisiert werden. Indem sich das Unternehmen selbst erst verhältnismäßig spät in eine aufgekommene Diskussion einschaltet, vermeidet es fehlerhaft und zu schnelle Kommunikation. Vielmehr kann es aus einer beobachtenden Position heraus einen viel besseren Überblick über die Geschehnisse erhalten.

Wie im vorgestellten Beispiel von VW erübrigt sich somit sehr häufig ein aktives Eingreifen seitens des Unternehmens. Die treuen Kunden beginnen von allein, die Kritiker selbst zu kritisieren – und nehmen ihnen so den Wind aus den Segeln.

Den Erfolg einer solchen Strategie zeigt der weitere Verlauf der Diskussion. So kann der Social-Media-Manager auf die Kritik mit einer sehr generischen Antwort generieren: „Hallo Christian, das hört sich ja nicht allzu gut an. Gibt es etwas, wobei wir helfen können? Viele Grüße – Erich".[99] Weitere Arbeit erübrigt sich, da der unzufriedene User auf weitere Kommentare verzichtet. Somit hat VW in diesem Fall die Kritik erfolgreich neutralisieren können und geht als Sieger aus der Situation hervor.

Ein solcher kommunikativer Erfolg stärkt damit die Position von VW auch für weitere etwaige Diskussionen. So sendet die besonnene Vorgehensweise und die starke Unterstützung treuer Markenbotschafter ein klares Signal an Kritiker. Diese werden es sich zweimal überlegen, ob sie weiterhin Kritik äußern und damit das Risiko eingehen, selbst persönlich kritisiert zu werden.

---

[98] Vgl. Besson 2013, 258.
[99] Volkswagen 2017.

4.2 Fallbeispiel: Defekte Airbags bei BMW

4.2.1 Das Unternehmen

Der Name BMW AG ist die Abkürzung für die Bayerischen Motorenwerke Aktiengesellschaft. Das Unternehmen wurde im Jahre 1916 gegründet, als durch staatliche Bemühungen aus der Flugmaschinenfabrik Gustav Otto die Bayerische Flugzeug-Werke AG hervorging. Parallel dazu entstand 1917 die Bayerische Motoren Werke GmbH, die bereits 1918 in eine Aktiengesellschaft umgewandelt wurde.[100]

Erst 1928 wurde BMW offiziell zum Hersteller von Automobilen. So wurde die Fahrzeugfabrik Eisenach erworben und alle BMW Automobile der Vorkriegszeit wurden in Thüringen gefertigt.[101]

Im zweiten Weltkrieg war BMW Teil der deutschen Rüstungen und produzierte für die Luftwaffe vor allem Flugzeugmotoren. Dabei kamen auch Tausende Zwangsarbeiter aus anderen Ländern zum Einsatz.[102]

Nach dem Ende des Zweiten Weltkrieges besetzten und beschlagnahmten die Alliierten die Produktionsstandorte der BMW AG. Die Produktion brach daher zusammen, sodass ein Neustart notwendig wurde. So konnten zunächst nur Motorräder produziert werden. Erst einige Jahre später, 1952, konnte das erste Nachkriegsmodell, der 501, produziert werden.[103]

In den folgenden Jahren konnte BMW erfolgreich verloren gegangene Marktanteile zurückerlangen. 1972 kam es daher zur Expansion nach Südafrika. In Pretoria wurde der erste Auslandsstandort der BMW AG eröffnet. Im folgenden Jahr entstanden weitere weltweite Vertriebstöchter der BMW AG.[104]

Der nächste große Schritt erfolgte dann 1989 mit dem Gang in die USA. Damit betonte das Unternehmen seine Stellung als Global Player. Anfang des Jahres 1994 wurde darüber hinaus mit dem Kauf der britischen Rover Group erworben. Damit kamen traditionsreiche Marken wie Rover, MG, Triumph und MINI in das

---

[100] Vgl. BMW AG, Historie 2018. Die für die Darstellung der Unternehmenshistorie der BMW AG verwendeten Quellen sind durch den Konzern selbst publizierte Dokumente. Es gilt damit das bereits für die Geschichte des VW Konzerns Gesagte.

[101] Vgl. BMW AG, Historie 2018.

[102] Vgl. BMW AG, Historie 2018.

[103] Vgl. BMW AG, Historie 2018.

[104] Vgl. BMW AG, Historie 2018.

Unternehmen. Die Akquisition stellt sich jedoch nicht als durchgängig erfolgreich heraus. Daher stößt die BMW AG die erworbenen Unternehmen im Jahr 2000 wieder ab. Der Konzern behält lediglich die Marke MINI. 1998 wird darüber hinaus noch Rolls Royce akquiriert.[105]

2005 wurde von BMW ein neues Werk in Leipzig eröffnet. Es ist auf eine tägliche Produktion von 750 Tagen ausgelegt und beschäftigt bei Vollauslastung 5500 Mitarbeiter.[106]

2011 wurde mit DriveNow ein innovatives Car Sharing Angebot in Zusammenarbeit mit der Sixt AG aufgelegt. Dadurch weitete BMW seine Produktpalette aus und entwickelte sich vom reinen Autoproduzenten hin zu einem Mobilitätsdienstleister.[107]

4.2.2 Die Krise

Zu Beginn des Jahres 2017 wurde die Automobilindustrie nach dem Abgasskandal von einer weiteren Aufdeckung erschüttert. Takata, der japanische Hersteller von Airbags, der Haus- und Hoflieferant bekannter Marken wie BMW, Toyota, Mazda und Subaru, gestand, durch fehlerhafte Produktion den Tod von 16 Menschen maßgeblich verschuldet zu haben.

Brisant: Die Autobauer sollen von den Mängeln gewusst und diese stillschweigend übergangen haben. Die Airbags wurden also trotz offensichtlicher Mängel verbaut.[108]

Schnell regte sich öffentliche Kritik, von der auch der deutsche Autobauer BMW betroffen war. Schaden vom Unternehmen konnte aber verhältnismäßig schnell abgewendet werden. So wurde ein gerichtlicher Vergleich mit den Betroffenen angestrebt, an dem sich auch die anderen Hersteller beteiligten. Am Ende stand das Zahlen einer Summe von 553 Millionen Dollar als Ergebnis. Damit war jedoch kein offizielles Schuldeingeständnis verbunden, da es sich um einen Vergleich handelte, der mit kein offizieller Urteilsspruch verbunden war.[109]

---

[105] Vgl. BMW AG, Historie 2018.
[106] Vgl. BMW AG, Historie 2018.
[107] Vgl. BMW AG, Historie 2018.
[108] Vgl. N-TV, Takata 2018, Handelsblatt, Einigung 2018 und Wirtschaftswoche, Einigung 2018.
[109] Vgl. Handelsblatt, Einigung 2018 und Wirtschaftswoche, Einigung 2018.

BMW wählte hier also bewusst die Strategie, nur stückweise Informationen an die Öffentlichkeit herauszugeben und sich nicht als schuldig zu offenbaren. Generell kam dem Unternehmen dabei die Tatsache zu Gute, dass weitere Autobauer involviert waren und sich damit der Unmut der Öffentlichkeit auf mehrere Akteure lenkte.

Darüber hinaus überschattete der Dieselskandal noch immer die öffentliche Debatte. Dies ist in diesem Fall umso bemerkenswerter, als im Dieselskandal keine Person direkt gesundheitlich geschädigt wurde, während im Skandal um die Takata Airbags 16 Menschen verstarben. Im Folgenden soll betrachtet werden, wie BMW auf Facebook auf die Krise reagierte.

4.2.3 Die Reaktion

Die Reaktion auf die Krise von BMW bei Facebook überrascht zunächst sehr. So findet sich kein durch das Unternehmen selbst verfasster Post, der auf die Geschehnisse Bezug nimmt. Führt man sich jedoch die generelle Vorgehensweise des Unternehmens vor Augen, erklärt sich diese Vorgehensweise leicht. Da BMW öffentlich nicht die Schuld für die Geschehnisse einräumte und auf einen gerichtlichen Vergleich setzte, war auch eine öffentliche Mea-Culpa-Nachricht schlicht nicht notwendig. Vielmehr machte es durchaus Sinn, konsistent zu kommunizieren und das Thema erst gar nicht anzusprechen, um die Kunden nicht unnötig zu motivieren, ihre Kritik zu äußern.

Diese Vorgehensweise sollte dabei bemerkenswerte Effizienz entwickeln. So konnten auch nach mehrstündiger Recherche durch den Autor keine Posts oder Kommentare von Usern auf Facebook gefunden werden, die auf den Takata-Skandal Bezug nehmen. Vielmehr ist das soziale Netzwerk überschwemmt von positiven Bemerkungen der Nutzer über das Unternehmen und seine Produkte.

Das sich der Skandal nicht stärker bei Facebook niederschlug lässt sich dabei vor allem durch zwei Faktoren erklären. So überschattete zum einen immer noch der Abgasskandal die öffentliche Debatte. Zum anderen verteilte sich der Skandal auf mehrere Autohersteller, wodurch BMW nicht die Hauptschuld angelastet werden konnte. Darüber hinaus war es vor allem der Airbaghersteller Takata, der zur Zielscheibe öffentlicher Kritik wurde und letztlich von einem Gericht zu einer Strafe von einer Milliarde Dollar verurteilt wurde.

5 Synthese: Differenzen und Gemeinsamkeiten zwischen Theorie und Praxis und ihre Implikationen

Nachdem nun sowohl die Forschungsliteratur nach geeigneten Strategien der Krisenkommunikation in Sozialen Medien durchforstet als auch die Strategie der Volkswagen AG im Dieselskandal analysiert worden ist stellt sich die Frage, welche Schlüsse man aus diesen Teilbetrachtungen ziehen kann.

Wie in der Einleitung der vorliegenden Arbeit angekündigt soll hierfür eine Gegenüberstellung beider Teilaspekte erfolgen. Es stellt sich hier die Frage inwieweit Volkswagen auf durch die Forschungsliteratur vorgebrachte Krisenstrategien zurückgriff oder einen eigenen Weg ging. Hieran knüpft sich die Frage an, welchen Erfolg die jeweilige Vorgehensweise mit sich brachte.

In Kapitel III. konnte zunächst festgestellt werden, dass es in der Forschung zwar eine vorherrschende Meinung für eine angemessene Krisenkommunikation gibt, das Thema aber dennoch kontrovers diskutiert wird. So empfehlen viele Autoren ein sofortiges Eingeständnis der Schuld durch das Unternehmen. Einige wie Coombs warnen aber auch vor einer solchen Vorgehensweise, da diese mit immensen Schäden für das Unternehmen verbunden sein kann. Es scheint daher generell sinnvoll für ein Unternehmen zu sein, zwar zu kommunizieren, aber bewusst die Geschwindigkeit der Krise durch eine besonnene und stückweise Kommunikation auszubremsen.

Genau diese Strategie wählte die Volkswagen AG im Dieselskandal. So entschuldigte sie sich bei ihrer Community ohne direkt die volle Schuld einzugestehen. Durch diese Vorgehensweise konnte den Kritikern der Wind aus den Segeln genommen werden. In den folgenden Monaten wurde die Krise erfolgreich aufgearbeitet und die Kunden wurden laufend über die Geschehnisse informiert. So berichtete VW immer wieder über den Stand der Umrüstung der betroffenen Diesel.

Darüber hinaus verhielten sich die Social-Media-Verantwortlichen des Konzerns bei Facebook sehr geschickt. So schalteten sie sich erst sehr spät in Diskussionen ein, um verfängliche Kommentare zu vermeiden. Gleichzeitig sorgten sie so dafür, dass die treue Community die Kritiker selbst kritisierte, wodurch diesen die Argumentationsgrundlage entzogen wurde.

Im Falle von BMW ließ sich eine andere Strategie ausmachen. So entschied sich das Unternehmen dafür, den Skandal über defekte Airbags des Zulieferers Takata überhaupt nicht anzusprechen. BMW konnte sich diese Vorgehensweise aus diversen Gründen erlauben. So war es zum einen nicht direkt für den Skandal verantwortlich, sondern der Zulieferer Takata. Daneben war BMW nicht allein in den Skandal verwickelt, sondern auch eine Reihe weiterer Automobilhersteller. Dadurch traf das Unternehmen nicht die volle Wucht der Anschuldigungen. Hinzu kommt die Tatsache, dass der Dieselskandal noch immer die öffentliche Debatte bestimmt und so von den Ereignissen um den bayerischen Automobilproduzenten ablenkte.

Generell verfolgten die beiden Hersteller dabei Strategien, die von der Forschung empfohlen werden. Auch das Verhalten der Social-Media-Manager orientierte sich an den neuesten Erkenntnissen.

6 Fazit

Die Analyse der Krisenkommunikation in sozialen Medien innerhalb der Automobilindustrie hat interessante Erkenntnisse zu Tage gefördert. So wurden zunächst die Begriffe Social Media, Unternehmenskrise und Krisenkommunikation umfassend definiert. Diese grundlegenden Definitionen bildeten dann die Grundlage für eine genaue Lektüre der aktuellen Forschungsliteratur im Bereich Krisenkommunikation mit dem Schwerpunkt auf Social Media.

Im Anschluss konnten dann von der Forschung präsentierte konkrete Strategien der Krisenkommunikation in Social Media untersucht werden. Dabei zeigte sich, dass keine einheitliche Strategie existiert, die von der gesamten Forschung unumstritten empfohlen wird. Zwar betonen viele Forscher die Vorteile einer umfassen ehrlichen Strategie, in der das betroffene Unternehmen seine Schuld gesteht, jedoch sprechen sich auch einige Wissenschaftler gegen diese Vorgehensweise aus.

Im dritten Schritt wurden letztlich die theoretisch herausgearbeiteten Erkenntnisse auf konkrete Fallbeispiele angewandt. Dabei wurde zum einen der Dieselskandal betrachtet, der vom Volkswagen Konzern ausging. Mit der BMW AG und dem Skandal um fehlerhafte Airbags des Zulieferers Takata wurde damit ein weiteres deutsches Beispiel untersucht. Während VW dabei eine abwartende Strategie verfolgte und seine Schuld nicht eingestand, wies BMW jegliches Verschulden vehement von sich. VW gelang es durch diese Vorgehensweise, die Folgen der Krise abzufedern. Die treue Community konnte sogar motiviert werden, sich gegen Kritiker zu wenden. Dadurch wurde die Kritik am Unternehmen bei Facebook weitgehend neutralisiert.

Anders stellte sich der Fall bei BMW dar. So verzichtete das Unternehmen bewusst darauf, die Geschehnisse überhaupt anzusprechen. Dies führte dabei überraschenderweise nicht zu erhöhter Kritik von Seiten der User. Vielmehr konnte das Unternehmen so verhindern, dass überhaupt eine Debatte entsteht. In diesem Fall führte also das bewusste Aussitzen zu einer erfolgreichen Meisterung der Krise.

Die Analyse der beiden Fallbeispiele hat damit gezeigt, dass soziale Medien eine wichtige Rolle in der Krisenkommunikation von Unternehmen spielen. Gleichzeitig sollten sie jedoch von den Verantwortlichen vorsichtig genutzt und gut überwacht werden, da sie Krisen auch verstärken können. Effektives Krisenmanagement in sozialen Medien muss auf die Betroffenen eingehen und ihre Anliegen ernst nehmen. Gleichzeitig kann oftmals eine treue Community für die Zwecke des

Unternehmens genutzt werden, um für positive Resonanz zu sorgen und damit die Kritiker auszuschalten.

Literaturverzeichnis

Amichai-Hamburger, Yair und Hayat, Tsahi, s.v. Social Networking, in: The International Encyclopedia of Media Effects, 1, https://doi.org/10.1002/9781118783764.wbieme0170 (Abruf: 09.04.2018).

Besson, Nanette, Strategische Krisenevaluation im Zeitalter von Social Media, in: Thießen, Ansgar (Hg.), Handbuch Krisenmanagement, Wiesbaden 2013, 359-378.

Coombs, Timothy und W. Holladay, Sherry J., Comparing apology to equivalent crisis response strategies: Clarifying apology's role and value in crisis communication, in: Public Relations Review, 34 (2008), 252–257.

Coombs, Timothy W., s.v. Crisis and Crisis Management, in: Heath, Robert L. (Hg.), Encyclopedia of Public Relations, Los Angeles u. a. [2]2013, 216-220.

Ellison, Nicole B., Social Network Sites. Definition, History, and Scholarship, in: Journal of Computer-Mediated Communication, 13 (2007), 210-230.

Hettler, Uwe, Social Media Marketing. Marketing mit Blogs, Sozialen Netzwerken und weiteren Anwendungen des Web 2.0, München 2010.

Hofmann, Thorsten, Krise 2.0: Erfolgreiches Reputationsmanagement mit Social Media, in: Thießen, Ansgar (Hg.), Handbuch Krisenmanagement, Wiesbaden 2013, 343-358.

Kaplan, Andreas M. und Haenlein, Michael, Users of the world, unite! The challenges and opportunities of Social Media, in: Business Horizons 53 (2010), 59-68.

Kietzmann, Jan H., Hermkens, Kristopher, McCarthy, Ian P. und Silvestre, Bruno S., Social media? Get serious! Understanding the functional building blocks of social media, in: Business Horizons 54 (2011), 241-251.

Kreutzer, Ralf T., Social-Media-Marketing kompakt. Ausgestalten, Plattformen finden, messen, organisatorisch verankern, Wiesbaden 2018.

Krystek, Ulrich, Unternehmenskrisen. Beschreibung, Vermeidung und Bewältigung überlebenskritischer Prozesse in Unternehmungen, Wiesbaden 1987.

Krystek, Ulrich und Moldenhauer, Ralf, Handbuch Krisen- und Restrukturie-rungsmanagement. Generelle Konzepte, Spezialprobleme, Praxisberichte, Stuttgart 2007.

Krystek, Ulrich und Lentz, Mischa, Unternehmenskrisen: Beschreibung, Ursa-chen, Verlauf und Wirkungen überlebenskritischer Prozesse in Unterneh-men, in: Thießen, Ansgar (Hg.), Handbuch Krisenmanagement, Wiesbaden 2013, 29-52.

Merten, Klaus, Krise, Krisenmanagement und Krisenkommunikation, in: Thie-ßen, Ansgar (Hg.), Handbuch Krisenmanagement, Wiesbaden 2013, 153-174.

Müller, Rainer, Krisenmanagement in der Unternehmung. Vorgehen, Maßnah-men und Organisation, Frankfurt am Main ²1986.m

Obar, Jonathan A. und Wildman, Steve, Social media definition and the govern-ance challenge. An introduction to the special issue, in: Telecommunica-tions Policy 39 (2015), 745-750.

Riecken, Martin, Erfolgskritische Faktoren der angewandten Krisenkommuni-kation, in: Thießen, Ansgar (Hg.), Handbuch Krisenmanagement, Wiesba-den 2013, 317-330.

Sandhu, Swaran, Krisen als soziale Konstruktion. Zur institutionellen Logik des Krisenmanagements und der Krisenkommunikation, in: Thießen, Ansgar (Hg.), Handbuch Krisenmanagement, Wiesbaden 2013, 93-113.

Steinke, Lorenz, Wie gute Krisenkommunikation funktioniert, in: Steinke, Lo-renz (Hg.), Die neue Öffentlichkeitsarbeit. Wie gute Kommunikation heute funktioniert: Strategien - Instrumente - Fallbeispiele, Wiesbaden 2015, 183-210.

Stoffels, Herbert und Bernskötter, Peter, Die Goliath-Falle. Die neuen Speilre-geln für die Krisenkommunikation im Social Web, Wiesbaden 2012.

Thießen, Ansgar, Krisenmanagement, in: Ders. (Hg.), Handbuch Krisenmanage-ment, Wiesbaden 2013, 3-18.

Vill, Andreas und Pirouz, Mani, Demokratisierung in der Markenführung, in: Schulten, Matthias, Mertens, Artur und Horx, Andreas (Hgg.), Social Branding. Strategien, Praxisbeispiele, perspektiven, Wiesbaden 2012.

Wendling, Cécile, Radisch, Jack and Jacobzone, Stephane, The Use of Social Media in Risk and Crisis Communication, OECD Working Papers on Public Governance 24 (2013).

Internetquellen

Bendel, Oliver, Social Media, https://wirtschaftslexikon.gabler.de/definition/soziale-medien-52673 (Abruf am 09.04.2018).

BMW AG, Historie, https://www.bmwgroup.com/content/bmw-group-websites/bmwgroup_com/de/unternehmen/historie.html. (Abruf am 20.05.2018).

Coombs, Timothy W., Crisis Management, https://instituteforpr.org/crisis-management-and-communications/ (Abruf: 21.05.2018), 2007.

Der Spiegel, Heißer Reifen, http://www.spiegel.de/spiegel/print/d-129456827.html (Abruf am 20.05.2018).

Der Spiegel, Spritverbrauch, http://www.spiegel.de/auto/aktuell/spritverbrauch-autohersteller-tricksen-immer-mehr-a-994184.html (Abruf am 20.05.2018).

Die Zeit, Dieselskandal, https://web.archive.org/web/20180301070846/http://www.zeit.de/wirtschaft/diesel-skandal-volkswagen-abgase (Abruf am 20.05.2018).

Die Zeit, Abgasskandal, https://www.zeit.de/wirtschaft/unternehmen/2016-06/abgasskandal-kostet-vw-in-den-usa-14-7-milliarden-dollar (Abruf am 20.05.2018).

Die Zeit, Dieselskandal, https://web.archive.org/web/20180301070846/http://www.zeit.de/wirtschaft/diesel-skandal-volkswagen-abgase (Abruf: 21.05.,2018).

Facebook, Unternehmensgeschichte, https://newsroom.fb.com/company-info/ (Abruf: 21.05.2018).

FAZ, Netzwirtschaft, http://www.faz.net/aktuell/wirtschaft/netzwirtschaft/der-facebook-boersengang/datenbrillen-entwickler-facebook-kauft-startup-oculus-12864353.html (Abruf: 21.05.2018).

Handelsblatt, Einigung, http://www.handelsblatt.com/unternehmen/industrie/einigung-mit-sammelklaegern-bmw-soll-im-airbag-skandal-millionen-hinblaettern/19826392.html (Abruf am 20.05.2018).

Harvard Business Manager, Was sind... Social Media?, http://www.harvardbu-sinessmanager.de/heft/artikel/a-721549.html (Abruf am 08.04.2018).

Lackes, Richard, Soziales Netzwerk, https://wirtschaftslexikon.gabler.de/definition/soziales-netzwerk-53177 (Abruf: 09.04.2018).

N-TV, BMW, https://www.n-tv.de/wirtschaft/BMW-erzielt-Einigung-im-Takata-Prozess-article19849011.html (Abruf am 20.05.2018).

N-TV, Takata, https://www.n-tv.de/wirtschaft/BMW-erzielt-Einigung-im-Takata-Prozess-article19849011.html (Abruf am 20.05.2018).

Radic, Dubravko und Haugk, Sebastian, Kommunikationsstrategien in der Krise. Ergebnisse einer experimentellen Untersuchung, http://www.krisenkommunikation.info/Kommunikationsstrategien-in-der-Krise-Ergebnisse-einer-experimentellen-Unt.612.0.html (Abruf: 22.05.2018).

Statista, Anzahl der Nutzer sozialer Netzwerke weltweit in den Jahren 2010 bis 2016 sowie eine Prognose bis 2021 (in Milliarden), https://de.statista.com/statistik/daten/studie/219903/umfrage/prognose-zur-anzahl-der-weltweiten-nutzer-sozialer-netzwerke/ (Abruf: 21.05.2018), 2018a.

Statista, Anzahl der Nutzer sozialer Netzwerke weltweit in den Jahren 2010 bis 2016 sowie eine Prognose bis 2021 (in Milliarden), https://de.statista.com/statistik/daten/studie/219903/umfrage/prognose-zur-anzahl-der-weltweiten-nutzer-sozialer-netzwerke/ (Abruf: 21.05.2018), 2018b.

Statista, Entwicklung der Weltbevölkerungszahl von Christi Geburt bis zum Jahr 2017 (in Milliarden)*, https://de.statista.com/statistik/daten/studie/1694/umfrage/entwicklung-der-weltbevoelkerungszahl/ (Abruf: 21.05.2018), 2018c.

Statista, The 100 largest companies in the world by market value in 2017 (in billion U.S. dollars), https://www.statista.com/statistics/263264/top-companies-in-the-world-by-market-value/ (Abruf: 21.05.2018), 2018d.

Süddeutsche Zeitung, Abgasaffäre, http://www.sueddeutsche.de/wirtschaft/abgasaffaere-die-abgasaffaere-ein-debakel-fuer-die-gesamte-autoindustrie-1.2961703 (Abruf am 20.05.2018).

Volkswagen AG, Erklärung des Vorstandsvorsitzenden der Volkswagen AG, Professor Dr. Martin Winterkorn, https://www.volkswagen-media-services.com/detailpage/-/detail/Erklrung-des-Vorstandsvorsitzenden-der-Volkswagen-AG-Professor-Dr-Martin-Winterkorn/view/2709299/7a5bbec13158edd433c6630f5ac445da?p_p_auth=0 qKdNca7 (Abruf: 22.05.2018), 2015a.

Volkswagen AG, Facebook-Post vom 22.09.2015, https://www.facebook.com/VolkswagenDE/videos/1183655391661210/?comment_id=1183668121659937&offset=0&total_comments=1654&comment_tracking=%7B%22tn%22%3A%22R0%22%7D (Abruf: 22.05.2018), 2015b.

Volkswagen 2015c, Facebook-Post vom 23.09.2015, https://www.facebook.com/VolkswagenDE/photos/a.282425171784241.86476.251242928235799/1200669329959816/?type=3&theater (Abruf: 22.05.2018).

Volkswagen 2015d, Facebook-Post vom 30.10.2015, https://www.facebook.com/VolkswagenDE/photos/a.282425171784241.86476.251242928235799/1200669329959816/?type=3&theater (Abruf: 22.05.2018).

Volkswagen 2015e, Facebook-Post vom 02.11.2015, https://www.facebook.com/VolkswagenDE/photos/a.412722698754487.113795.251242928235799/1203637846329631/?type=3&theater (Abruf: 22.05.2018).

Volkswagen 2016a, Facebook-Post vom 05.03.2016, https://www.facebook.com/VolkswagenDE/photos/a.282425171784241.86476.251242928235799/1277188732307875/?type=3&theater (Abruf: 22.05.2018).

Volkswagen, Facebook-Post vom 27.10.2018, https://www.facebook.com/VolkswagenDE/photos/a.282425171784241.86476.251242928235799/1490108577682555/?type=3&theater (Abruf: 22.05.2018), 2016b.

Volkswagen, Facebook-Post vom 17.03.2017, https://www.facebook.com/VolkswagenDE/photos/a.282425171784241.86476.251242928235799/2084393981587342/?type=3&theater (Abruf: 22.05.2018), 2017.

Volkswagen AG, 1904-1936. Der Traum vom Volkswagen, http://chronik.volkswagenag.com/ (Abruf am 20.05.2018), 2018a.

Volkswagen AG, 1937-1945. Werksaufbau und Rüstungsproduktion, http://chronik.volkswagenag.com/ (Abruf am 20.05.2018), 2018b.

Volkswagen AG, 1945-1949. Das Werk der Briten, http://chronik.volkswagenag.com/ (Abruf am 20.05.2018), 2018c.

Volkswagen AG, 1950-1960. Internationalisierung und Massenproduktion im Wirtschaftswunder, http://chronik.volkswagenag.com/ (Abruf am 20.05.2018), 2018d.

Volkswagen AG, 1961-1970. Boom und Krise des Käferunternehmens, http://chronik.volkswagenag.com/ (Abruf am 20.05.2018), 2018e.

Volkswagen AG, 1973-1981. Die neue Generation, http://chronik.volkswagenag.com/ (Abruf am 20.05.2018), 2018f.

Volkswagen AG, 1982-1991. Neue Marken, neue Märkte, http://chronik.volkswagenag.com/ (Abruf am 20.05.2018), 2018g.

Volkswagen AG, 1992-2002. Die Globalisierung des Mobilitätskonzerns, http://chronik.volkswagenag.com/ (Abruf am 20.05.2018), 2018h.

Wirtschaftswoche, Einigung, https://www.wiwo.de/unternehmen/auto/einigung-mit-sammelklaegern-bmw-muss-im-airbag-streit-millionen-zahlen/19826588.html (Abruf am 20.05.2018).

Wirtschatfswoche, Facebook, https://www.wiwo.de/unternehmen/it/zu-hohe-facebook-nutzerzahlen-die-mysterioesen-millionen/20336650.html (Abruf: 21.05.2018).

Yahoo, Facebook, https://finance.yahoo.com/quote/FB/ (Abruf: 21.05.2018).